MW01174317

Distribution : Un chapitre à la fois s.e.n.c.

© 2018 Un chapitre à la fois

Révision : Charles DuBois
Mise en page : Sophie Lavoie
Réalisation de la couverture : Dany Lizotte

ISBN 978-2-9817244-0-3
EPUB 978-2-9817244-4-1

Dépôt légal 3e trimestre 2018
Bibliothèque et Archives nationales du Québec
Bibliothèque nationale du Canada

 info@unchapitrealafois.com
www.unchapitrealafois.com

MARQUIS

Québec, Canada

Imprimé sur du Rolland Enviro,
contenant 100% de fibres postconsommation,
fabriqué à partir d'énergie biogaz et certifié FSC®,
ÉCOLOGO, Procédé sans chlore et Garant des forêts intactes.

PERMANENT 100% BIO GAZ ÉNERGIE   Garant des forêts intactes™

collectif littéraire

MA
résilience
EN AFFAIRES

Se permettre de voir au-delà des enjeux

14 entrepreneurs partagent leur récit

un Chapitre
@ la fois

Un coup du sort est une blessure qui s'inscrit dans notre histoire, ce n'est pas un destin

— Boris Cyrulnik

Table des matières

La force d'un collectif littéraire   9

Qu'est-ce que la résilience?   11

Angel Trudel   17

Un projet après l'autre

Martine Ouellet   31

Journal de bord d'une fauchée de l'emploi

Agathe Tupula Kabola   47

Savoir tirer son épingle du jeu

Elina Timsit   65

Résilience, vous avez dit résilience?

Nadine Beaupré   79

À la source du chaos, naît l'étoile en soi

Dany Lizotte   95

Tout est une question de perspective

David Salerno   109

L'entrepreneuriat : envers et contre tout

Vickie Hébert   125

Dompter la Bête

Josée Gascon   141

Mon chemin vers la meilleure version de moi-même

Christine Marcotte   157

Se reconstruire dans l'adversité

Yves Gonthier 171

C'est dans le chemin que l'on trouve le bonheur

Florence Duhamel 185

Parcours d'une femme déterminée

Sophie Lavoie 203

Sans concession

Mélanie Sauvé 217

En chemin vers l'équilibre

Qu'en est-il de votre résilience? 235

Remerciements 243

La force d'un collectif littéraire

Un chapitre à la fois mène une mission : démocratiser le monde de l'édition et offrir un tremplin aux futurs auteurs qui désirent réaliser leur rêve d'écrire un livre.

Que ce soit en autoédition ou par l'entremise de la maison d'édition classique, nos valeurs sont basées sur la volonté de concrétiser un projet d'écriture. Trop de gens pensent qu'écrire un livre est inaccessible et que les chances d'être publié sont improbables. Chez *Un chapitre à la fois*, nous sommes convaincus du contraire. Entourés d'une équipe d'experts, nous voyons les projets de publication se multiplier et vivons un quotidien égayé par des visages aux sourires lumineux.

Ce collectif littéraire émane d'une initiative qui semblait un peu folle aux yeux de plusieurs. Qu'à cela ne tienne! Quatorze auteurs sont passés de la théorie à la pratique et ont accepté de plonger tête première dans cette belle aventure qui demandait de la part de chacun un court récit sur la résilience. Ils ont écrit, réécrit, peaufiné, cajolé chacun de leurs chapitres. C'est leur histoire, leur expérience de vie qu'ils partagent avec vous.

Quand vient le temps de traverser des épreuves, la nature humaine nous donne tout à coup accès à des réserves dont nous ne connaissions préalablement pas l'existence. N'est-ce pas cela, grandir?

Comment profiter pleinement de votre lecture

Écrit par des entrepreneurs pour des entrepreneurs, *Ma résilience en affaires* est le compagnon idéal de ceux qui souhaitent être aux premières loges du vécu et du cheminement de l'individu.

Pour le savourer pleinement, nous conseillons une lecture à petites doses. Teinté de la personnalité bien distinctive de l'auteur qui vous l'offre, chaque chapitre est différent, représente un tout en soi. C'est, pour le lecteur, une occasion de se transposer dans la vie de chacun et de se questionner. Qu'auriez-vous fait à leur place? Comment auriez-vous réagi? Leur expérience vous est-elle familière?

Entre chaque histoire, pourquoi ne pas prendre une pause? Cette réflexion, sans être trop lourde, pourrait signifier pour vous l'occasion de voyager au cœur de votre parcours de vie, au plus profond de vous-même... *Un chapitre à la fois!*

Bonne lecture!

Qu'est-ce que la résilience?

Est-ce une forme de courage, de persévérance, d'espoir ou tout simplement de folie?

Cette capacité qu'ont les êtres humains à entrevoir le potentiel positif d'une situation difficile ou à rebondir face aux épreuves de la vie porte en elle ce petit quelque chose d'étonnant, d'inspirant. Cette faculté de faire face aux épreuves au lieu de s'enfoncer n'a pourtant rien de facile.

Rosette Poletti et Barbara Dobbs, qui, ensemble, ont publié *La résilience, l'art de rebondir*[1], nous expliquent qu'il y a quatre éléments distinctifs à développer pour passer de l'état d'une personne qui rumine du noir à celui de quelqu'un qui rebondit : une bonne communication, un sens des valeurs, savoir exprimer sa gratitude et vivre dans l'instant présent.

C'est connu, l'éducation et l'entourage jouent un rôle important dans le développement positif de l'être humain. Bien qu'il n'y ait pas d'âge pour développer des comportements susceptibles de favoriser une résilience solide, la petite enfance demeure un terrain fertile pour des semences qui rapportent. Être instigateur de communication constructive, offrir des occasions pour développer et appliquer des valeurs qui nous ressemblent, reconnaître et exprimer l'importance du moment présent sont des comportements qui, bien que puisés et

---

[1] La résilience, l'art de rebondir, 2001, Rosette Poletti et Barbara Dobbs , Édition Jouvence

amorcés en bas âge, se construisent, se développent et se maîtrisent avec le temps.

Bien avant Poletti et Dobbs, plusieurs chercheurs se sont penchés sur ce phénomène psychologique[2] dont le terme s'inspire d'une réaction physique caractérisée par la capacité d'un métal à retrouver sa forme initiale après avoir été soumis à une déformation lors d'une très grande pression. L'image, frappante, de cette capacité à récupérer fut reprise et largement médiatisée par Boris Cyrulnik[3]. Le sujet intéresse, les études sont nombreuses et toutes convergent vers un point : la résilience relève de l'aboutissement d'une variété de processus qui viennent interrompre les pensées destructives afin de combattre la vulnérabilité psychologique.

Dans le domaine de l'entrepreneuriat, les occasions de résister à la pression sont nombreuses. L'entrepreneur aussi vit son histoire et son parcours, grandit et apprend des situations diverses qu'il rencontre. Le désir de réalisation professionnelle débute par une vision, une idée, un projet à concevoir et à développer. Ce même entrepreneur fera tout pour défendre son idée, la vendre à un plus grand nombre possible de gens qui l'accompagneront durant le processus. Il a besoin de soutien et d'une constante « tape sur l'épaule » se traduisant par « Tu es capable! »

Le chemin à parcourir pour faire vivre une idée est rempli d'apprentissages qui font grandir et qui, éventuellement, permettent d'exceller dans un domaine choisi. Solliciter cette

---

[2] *Résilience (psychologie) https://fr.wikipedia.org/wiki/R%C3%A9silience_(psychologie).*
[3] Resilience : Cyrunlnik Boris, *How Your Inner Strength Can Set You Free from the Past*, 2011, Édition Tarcher Perigee

fibre essentielle de résilience, aussi petite soit-elle, alimentera l'entrepreneur jusqu'à l'aboutissement ultime d'un projet. Et du suivant et de l'autre encore. Pour lui, le mot « impossible » n'existe pas.

Ce livre vous offre une diversité de moyens utilisés par des entrepreneurs de cœur pour lutter contre l'adversité et surpasser les obstacles. Bien que les situations soient différentes, les moyens, eux, restent similaires. Au-delà de l'acceptation, la résilience, cette vertu bien plus forte que la persévérance, permet d'avancer, d'apprendre et de continuer la route... pour aller loin, très loin!

Voici leur histoire

Angel Trudel

Blogueuse, romancière
Fondatrice de : Angel se cherche
www.angelsecherche.com
angel.trudel@videotron.ca

Il était une fois une grande fille qui se questionnait beaucoup; trop, selon certains... Mais un jour, Angel s'est mise à se questionner sur comment trouver l'équilibre entre la maman et la femme qu'elle souhaitait être. Elle s'est dit qu'il devait bien exister une façon de profiter pleinement de la vie et d'arrêter de se sentir coupable tout le temps, ou presque.

Après plus de dix ans à élever sa fille et son fils, elle décide de creuser, commence un long cheminement ayant comme seul objectif de faire émerger la petite étincelle qui brûle au fond de son cœur, celle qui est à tout moment menacée de s'éteindre avec le quotidien de la vie. Angel sait qu'elle a pourtant tout pour être heureuse.

Avec les années, cette *grande* fille s'est frayé un chemin bien à elle, celui de l'écriture. Blogueuse, romancière, entrepreneure, maman, elle chemine avec brio et comprend que même si elle se cherche, le miracle de la vie coule dans ses veines, et ça, c'est le plus beau luxe qu'elle possède.

Angel vous dirait de croire en vos rêves, car elle est maintenant la preuve que tout est possible à celui qui ose rêver assez grand et qui met tout en place pour y arriver.

Un projet après l'autre

Tout est possible à qui rêve, ose, travaille
et n'abandonne jamais.
— Xavier Dolan

Je suis née entrepreneure! J'étais loin de me douter que la vie allait mettre à l'épreuve ce besoin viscéral en moi lorsque j'ai accouché de mon premier enfant. Depuis que je suis toute petite, j'ai des projets, tout comme mes parents entrepreneurs en avaient eux aussi. Vous connaissez l'adage affirmant que la pomme ne tombe jamais bien loin de l'arbre? Une envie continuelle de mettre de l'avant les mille et une idées qui me passent par la tête. Est-ce parce que j'ai été élevée dans l'arrière-boutique de divers commerces? Que mes jeux d'enfance consistaient à placer de la marchandise sur des tablettes après l'avoir étiquetée ou que mon meilleur souvenir de vivre la vie entrepreneuriale était de monter dans le camion du livreur de bonbons pour choisir ceux que nous allions vendre (et surtout déguster pendant la sélection!)? Non, l'entrepreneuriat fait partie de mon ADN, tout simplement.

Avant la maternité, je possédais une entreprise de planification de réunions et d'événements depuis quelques années. Bien sûr, dans toute ma naïveté, je m'étais entendue avec mon amoureux : j'allais rester à la maison pour élever mon nouveau poupon, une belle petite fille qui m'était déjà plus précieuse que tout. J'ai donc mis sans hésiter mon entreprise sur la glace. De toute façon, j'étais convaincue que le monde de l'événement n'était pas possible avec une jeune enfant, encore moins avec le deuxième que nous voulions avoir dans un avenir rapproché.

Mon fils est arrivé plus rapidement que prévu, en termes de planification familiale et de semaines de grossesse. Il voulait voir le monde vite. Comme dans douze semaines avant les quarante pressenties. Mon seul projet, à ce moment, est devenu d'être une maman. Pendant un bref instant, je ne me posais plus de questions. La fibre maternelle, c'est fort, et j'étais bien comme ça. De toute façon, j'avais eu le plus beau cadeau de la vie, deux fois plutôt qu'une. Ma vie est devenue la leur. Comme j'avais l'habitude de gérer des affaires, la maternité est devenue mon nouveau projet.

Si être une maman représentait mon nouveau défi, j'allais être la meilleure. C'était à l'époque où les *Mères indignes* de ce monde commençaient à se manifester. Elles avaient raison, mais moi, je ne les écoutais pas même si elles m'offraient quelques sourires quand je prenais un moment pour les lire. J'aurais dû lire entre les lignes que la perfection n'existe pas. Ma barre était haute.

C'est drôle quand j'y pense, parce que lorsque j'avais mon entreprise et au cours de tous les autres projets que je cumulais depuis ma jeunesse, être la meilleure n'avait jamais été mon objectif. Être épanouie, oui, offrir le meilleur service, oui, apprendre, oui, être parfaite, non. Je suis entrée en compétition avec un idéal; la perfection, et surtout la performance, allaient devenir les forces qui feraient avancer mon quotidien.

Personne n'oserait affirmer que j'étais une mère qui ne faisait rien. J'allais prouver que d'être une mère à la maison était un travail important, valorisant et même essentiel. En créant la vie, je suis devenue *Maman inc.*!

Naissance de *Maman inc.*

Comme avec tous mes projets, l'étape numéro un pour moi est de lire tout sur le sujet. Les livres sur la maternité m'ennuyaient; je sentais mon instinct assez fort. Je ne pouvais pas croire que tout se jouait avant cinq ans! Je me mettais déjà assez de pression sur les épaules, je n'allais pas en ajouter avec ce genre de lecture. C'est alors que j'ai découvert les blogues de mamans.

Je n'étais plus seule. Cet univers m'offrait une communauté que je n'avais plus avec mon nouveau statut de maman à la maison. Créer des liens en ligne peut sembler de la fiction, mais croyez-moi, plusieurs de mes amitiés virtuelles de cette période sont devenues des amies dans la vraie vie. J'ai même été l'instigatrice de plusieurs de nos rencontres.

Puisque j'ai toujours été connectée aux signes de la vie – attention, je sais que les rationnels de ce monde vont peut-être décrocher – je crois que dans la vie comme en affaires, il y aura toujours une force plus grande que nous. On peut l'appeler l'instinct, la chance, d'heureux hasards, des coïncidences, le fait d'être au bon endroit au bon moment, etc., mais ce que je sais, c'est que lorsque nous nous mettons dans l'action, ces phénomènes se manifestent. C'est donc en allant au cinéma voir le film *Julie & Julia*[4] que j'ai su que j'allais, moi aussi, devenir blogueuse.

Non, je n'allais pas cuisiner toutes les recettes de Julia Child[1]! Ce qui retenait le plus mon attention à ce moment était l'alimentation des deux petites bouches vivant à la maison. Croyez-moi, si comment être une super maman était d'actualité, comment se nourrir, voire nourrir ses enfants, était un sujet tout aussi omniprésent. Je lisais déjà tout sur ce thème; j'allais donc partager mes découvertes. Il devait bien y avoir d'autres mamans comme moi qui se questionnaient dans leur cuisine.

J'ai alors vécu une première sortie de zone de confort. Je devais apprendre un nouvel univers. Je ne le réalisais pas encore, mais je commençais à me tracer un chemin sur le Web. J'ai mis sur pied mon blogue, puis commencé à animer une page Facebook sous le même nom.

C'était la première fois que mon besoin d'avoir un projet était surpassé par mon besoin de partager. Je me suis donc mise à écrire une petite heure tous les matins... lorsque je le pouvais. Mes textes étaient simples. Je partageais l'idée du moment sans me mettre de pression. J'étais encore LA maman performante dans mon quotidien, mais ce projet était livré dans la joie et le bonheur.

Avec du recul, je sais qu'écrire est devenue ma thérapie du matin. À ce moment, je ne savais pas que de travailler quelque chose qui nous vient si facilement était peut-être aussi notre passion. J'aimais apprendre, partager, écrire et surtout profiter

---

4 *Julie et Julia*, *réalisé par Nora Ephron, 2009*

encore plus de cette merveilleuse communauté de blogueuses dont je faisais maintenant partie.

Après quelques années et des centaines d'articles écrits en me volant du temps parmi le chaos de mon quotidien, je savais que j'avais fait le tour de ma cuisine. Puisque mes enfants allaient maintenant à l'école, je devais envisager mon retour sur le marché du travail.

Après plus de dix ans à la maison, qu'allais-je faire? Par où commencer? Je ne voyais toujours pas comment je pouvais reprendre ma compagnie de planification d'événements, qui était toujours sur la glace. Avais-je encore le droit de rêver et de démarrer un nouveau projet? Parce que, croyez-moi, si vous êtes entrepreneur, on vous reprochera bien souvent de rêver! De voir grand, trop grand! Comment cela allait-il cadrer avec *Maman inc.*? Une grande restructuration de mon quotidien était en vue. J'aurais besoin de courage.

Mais vous allez me dire que ce livre est sur la résilience en affaires, pas celle en lien avec la maternité! Si entreprendre était nécessaire à ma survie, entreprendre en tant que mère a été encore plus puissant pour moi. Par contre, la maternité allait puiser toute la résilience qui se cachait au fond de moi. Je ne pensais pas que les plus grands obstacles à devenir une mère en affaires se cachaient sous mon toit. Vous connaissez la conciliation travail-famille? Moi, j'ai dû apprendre la conciliation entre la maman que j'étais et la femme que je n'étais plus. Prendre ma place allait devenir ma résilience à moi.

Naissance de *Maman se cherche*

Je cherchais ma vraie passion depuis des années. Je croyais fermement que mon nouveau projet s'y retrouvait. Je pensais même que pour être parfaitement orientée, je devais trouver ce qui brillait le plus intensément au fond de moi. Mes derniers articles de blogue parlaient de tout ce questionnement. Je me cherchais encore, mais ailleurs que dans ma cuisine. J'ai lancé dans l'univers toutes ces questions. Il m'a répondu sous la forme du livre *Opération bonheur,* de Gretchen Rubin[5]. Voilà ce que j'allais faire : écrire! Tout ce cheminement allait se retrouver dans un livre.

On reproche souvent à l'entrepreneur de rêver, mais en affaires, on doit rêver grand. Ceci en est la preuve. J'étais convaincue que j'avais quelque chose à raconter. C'est comme ça que mon aventure *Maman se cherche* a débuté. Je suis partie à la librairie pour acheter tous les documents que j'ai pu trouver sur comment écrire un livre et me suis inscrite à un atelier d'écriture animé par nul autre que Marc Fisher[6].

Je savais que je devais gagner ma vie, mais mon besoin d'écrire est devenu trop fort pour le mettre de côté. C'est donc avec toute ma bonne volonté que je me suis mise à écrire tout ce qui me permettait de trouver des réponses. J'étais perdue. J'étais fatiguée. La performance visée depuis trop d'années avec *Maman inc.* a fini par me faire craquer. Mon cheminement est alors devenu une quête pour trouver ma place entre la maman que j'étais et la femme que j'avais perdue. Je ne pense même pas que j'aurais pu vous dire quel était, à cette époque, mon plat

---

5   Gretchen Rubin, 2013, *Opération bonheur,* Pocket, 384 p.
6   Marc Fisher, romancier prolifique

préféré! Je venais d'apprendre que j'étais intolérante au lactose. Or, mon plat préféré contenait assurément du fromage et de la crème. Je ne comprenais plus rien, une partie de moi s'éteignait à petites doses.

J'ai donc entrepris à ma façon mon *Opération bonheur*. Ce long processus a été nécessaire à ma survie. Seul mon instinct me guidait. Mais c'était suffisant. Même si j'ai dû passer au travers de montagnes russes d'émotions, après quelque temps, j'ai vu la lumière au bout du tunnel.

L'important, ici, c'est qu'au moment de voir cette lumière, j'ai aussi vu mon nouveau projet. Un nouveau blogue! Le monde de la blogosphère avait bien évolué depuis mes premiers pas. Je savais que je pouvais maintenant bloguer pour vivre. C'est devenu ma nouvelle idée d'entreprise.

Bienvenue à l'ère du *Moi inc.*

Je souhaitais partager mon cheminement dans un livre, mais l'idée de commencer un nouveau blogue pour dorénavant pouvoir inspirer d'autres mamans qui, comme moi, ne trouvaient plus leur place, me faisait vibrer. J'ai donc entrepris autrement, avec mes idéaux, mes limites, mes besoins, mes rêves à moi. Avec l'âge vient la sagesse de pouvoir reconnaître ces choses. Je sentais que j'avais enfin le droit de choisir ce qui me faisait réellement vibrer. J'ai compris que le succès en affaires se trouvait là.

Je n'avais plus peur de me tromper. J'étais excitée! Quand on se lance où tout est possible, c'est euphorisant. Même si ce nouveau projet voulait guider tous mes pas, la conciliation allait devenir mon cheval de bataille, et la patience, ma meilleure amie.

J'étais motivée. Ma motivation : permettre aux mamans de ne plus jamais sous-estimer leur potentiel. J'avais plus d'idées que de capacités. J'avais des choix à faire. Entreprendre est la somme de ces choix. La vie est belle et pleine de possibilités. Par contre, tout projet aura son lot d'essais et d'erreurs. C'est normal. Il faut déplacer nos pions en fonction de notre réalité. C'est notre jeu; nous en établissons les règles. Malgré tout, je me sentais prise dans un coin. J'avançais peu. *Maman inc.* acceptait mal que j'ose prendre ma place à l'extérieur de sa structure.

Avec beaucoup de persévérance, je savais que chacune de mes petites actions allait me mener quelque part. Je ne baissais pas les bras. Je m'accrochais à mon idéal même s'il ne s'était pas encore totalement manifesté. Je savais que j'étais proche du but. La beauté du temps qui passe. Comme le disait Steve Jobs[7], à un certain moment, tu peux regarder en arrière et relier tous les points de tes expériences. Il n'y a pas plus grande épiphanie que de les réunir. On découvre alors notre grand plan. Quel beau cadeau à ouvrir! Quand j'ai relié tous ces points imaginaires, j'ai réalisé que la vraie Angel n'avait pas cessé d'exister avec la maternité, au contraire, elle avait continué d'évoluer, de progresser, et avait même réussi à ajouter des points sur ses expériences de vie. Mais au final, les relier m'a démontré que toutes mes expériences avaient une raison d'être. Le recul est une arme secrète chez tout bon entrepreneur, le cumul de son passé aussi.

---

7 Steve Jobs : idée prise du discours aux élèves finissants de l'Université Stanford « Connecting the Dots ».

Un autre de mes secrets est de toujours continuer d'apprendre. Je ne compte plus le nombre de livres que j'ai lus, le nombre de conférences, en personne ou en ligne, que j'ai suivies. Mes cahiers de notes sont une extension de moi, de ma curiosité. Apprendre, c'est pouvoir continuer d'avancer sur le fil de fer invisible de l'entrepreneuriat sans avoir le vertige. Ne regardez pas en bas, regardez devant. Ou dans mon cas, dans un livre! Mais avancez.

Même quand nous avançons, nous rencontrons des obstacles. Parfois réels, comme apprendre à naviguer parmi toutes les nouvelles technologies quand nous voulons, comme moi, vivre du Web, et parfois imaginaires, comme se sentir imposteur. C'est vrai, qui suis-je pour vous parler de développement personnel? Mes vingt-cinq années assidues à l'académie d'Oprah sont-elles suffisantes? Je fais partie de cette génération qui a été une fidèle spectatrice de l'émission hebdomadaire d'Oprah Winfrey. Oui, adolescente, je revenais de l'école pour la regarder religieusement. Je suis encore une grande admiratrice de son travail. Eh oui, j'y étais quand elle est venue à Montréal.

Qui suis-je pour m'adresser aux mamans qui aimeraient trouver leur place, voire oser la prendre? Comment suis-je en mesure de les accompagner? Avoir deux enfants est-il suffisant? Peut-être devrais-je en avoir au moins le double avant qu'on ne me prenne au sérieux, non? La liste peut être bien longue pour ne pas se sentir à la hauteur.

La clé, ici, c'est d'être vrai, authentique, soi-même. Les gens le ressentent, ils ont envie d'encourager et de suivre les projets d'un entrepreneur aux valeurs fortes. J'ai souvent dit que j'étais comme une chanson de Lynda Lemay, totalement transparente. C'est à prendre ou à laisser. Mais dans le *Moi inc.,* c'est nécessaire. À l'ère des réseaux sociaux, le succès d'une entreprise passe par une certaine exposition. On veut savoir qui est derrière l'entreprise; ça nous importe de plus en plus. Cette personne a-t-elle les mêmes valeurs que moi? Applique-t-elle dans sa vie ce qu'elle tente de partager avec nous? Nous voulons connecter.

Vivre pour écrire

Lorsque j'ai décidé d'écrire mon premier article de blogue, j'étais loin de me douter où ce chemin allait me mener. Ne sous-estimez jamais ce qui vous attire naturellement. J'étais encore plus loin de me douter que j'avais les capacités d'écrire pour être lue! Au travers de tout ce cheminement, où je me débattais à savoir quelle était ma passion pour pouvoir enfin vivre pleinement ma vie, j'ai découvert qu'elle se cachait sous mes yeux, ou devrais-je dire sous mes doigts, qui étaient posés sur mon clavier. Rien d'autre ne me vient aussi facilement. Est-ce possible d'écrire pour vivre?

Est-ce qu'*auteure* rime avec *entrepreneure*? À la suite de la lecture d'*Écrire pour vivre,* de Jean-Benoît Nadeau[8], je vous confirme qu'aujourd'hui, écrire est une entreprise. Tout comme pour la gestion de mon blogue, gérer mes écrits est devenu entrepreneurial. Il faut une vision, un plan et une confiance inébranlable en notre produit. Pendant mon cheminement, j'ai aussi écrit trois romans, dont deux ont vu le jour au printemps 2018, et le dernier est prévu à l'automne 2018. J'ai eu la chance

---

8   NADEAU Jean-Benoît, 2007, *Écrire pour vivre,* Québec Amérique, 420 p.

d'être accueillie dans une grande maison d'édition québécoise, le rêve de tout auteur. Mais sachez que de les écrire aura été géré comme toute autre tâche à l'agenda d'un PDG de compagnie. L'art sans structure n'est plus possible si nous voulons perdurer et connaître le succès.

Bien sûr, *passion* ne rime pas toujours avec *raison*. J'ai pris bien des détours pour enfin accepter cette réalité. J'ai eu besoin de ténacité pour oser libérer mon potentiel, pour me réaliser pleinement. Tous les jours, je dois continuer de gérer *Maman inc.*, l'entreprise qui occupe encore la plus grande place de mon horaire. La vie, c'est faire des choix, et celui-là me tient à cœur. Pour moi, la beauté d'entreprendre est de demeurer libre de mon horaire pour justement pouvoir choisir ce qui est réellement important pour nous.

Vous ne serez pas surpris non plus d'apprendre que je suis aussi prête à revisiter les événements que j'organisais, mais autrement. J'aimerais pouvoir décrire mes projets en un seul mot, mais je considère que mon projet principal s'appelle maintenant *Angel se cherche*. C'est ma grande vision, c'est comme le grand jardin où je sème toutes mes nouvelles idées pour voir celles qui ont le potentiel de germer. Parce que, comme je l'ai écrit au début, je suis une fille de projets. J'en ai toujours eu, mais aujourd'hui, je prends le temps de m'assurer qu'ils sont en lien avec qui je suis vraiment avant de les entreprendre.

Un entrepreneur comprend aussi que la réussite instantanée n'existe pas. Il est prouvé que ça prend environ dix ans avant de connaître un réel succès en affaires. Sur le Web, tout le monde semble être un expert en quelque chose d'entamé hier et qui prospère déjà. C'est une illusion. C'est faux. Si c'était si facile, bien plus de gens seraient entrepreneurs.

Votre idée est unique parce qu'elle vient de vous. Personne ne fera comme vous. Il y a de la place pour tout le monde qui est prêt à travailler. Je reviens à mon fil de fer : regardez devant, c'est là que vous voulez aller. Comme le disait Frank Sinatra, *I did it my way*[9]. C'est la seule façon. Rappelez-vous que ce sont vos points que vous devez relier, votre fil à traverser.

Si, en écriture, j'ai vite compris que j'allais y arriver un mot à la fois, en affaires, j'ai réalisé sur le tard que je devais tout simplement avancer, et ce, un petit pas à la fois malgré mes grandes ambitions. Le secret était dans la ténacité, la persévérance et la patience. Osez sauter dans le vide, mais soyez votre meilleur complice. Faites-vous confiance.

Angel Trudel

---

9   La chanson **My Way** est l'adaptation en anglais de la chanson *Comme d'habitude,* composée et interprétée à l'origine par Claude François en 1967. Écrite par Paul Anka, cette version a été popularisée par l'interprétation de Frank Sinatra à partir de 1969.

Martine Ouellet

Artiste et thérapeute

Fondatrice de : Hypn'OSE & ART'monie

marouel@hotmail.com

Tout au bout de sa Gaspésie d'origine, enfant, Martine adore se retrouver en nature pour y improviser des histoires aux accents plutôt réalistes. Réservée et timide, elle en étonne plus d'un lorsqu'elle sort de sa coquille, adolescente, pour présenter ses talents sur une scène de spectacle bien réelle.

Son amour pour l'être humain l'amène à terminer, en 1998, un baccalauréat en psychologie à l'Université de Sherbrooke. Sa passion pour l'art dramatique l'incite à pratiquer le théâtre tout au long de ses études. Elle intègre ensuite la maîtrise en art dramatique à l'Université du Québec à Montréal (UQAM), dans laquelle elle relie l'intervention à la pratique du théâtre afin de démontrer que chaque individu est doté d'une créativité qui peut l'amener au-delà de ses propres limites. Son sujet de mémoire porte sur l'apprentissage d'habiletés sociales chez un groupe de personnes toxicomanes s'impliquant dans un projet de création théâtre auprès d'un autre groupe de personnes non-toxicomanes.

Martine travaille ensuite pendant près de dix ans au sein d'établissements gouvernementaux comme intervenante et conseillère clinique. Au fil des années, sa volonté d'être en véritable relation avec les gens se fait de plus en plus ressentir.

Elle quitte alors l'univers des services sociaux afin de se concentrer principalement sur l'accompagnement thérapeutique, puis devient hypnologue en 2012. Depuis, Martine accompagne l'individu qui le désire dans sa recherche de mieux-être et sa quête de vérité. Elle anime également des ateliers d'auto-hypnose. Elle y enseigne les techniques de cette science afin que chacun puisse profiter des bienfaits de cette pratique de façon autonome.

Malgré son intérêt certain et ses compétences pour l'intervention, Martine reste une artiste. Elle aime cette liberté d'être que la création artistique lui propose.

L'écriture est aussi une réelle passion pour elle. Ses textes sont parsemés d'humour parfois cinglant, de vérités parfois crues, mais jamais elle n'oserait mentir à son auditoire. Transparente et assumée : on aime!

Journal de bord d'une fauchée de l'emploi

*On fait du théâtre parce qu'on a l'impression
de n'avoir jamais été soi-même et
qu'enfin, on va pouvoir l'être.*

— Louis Jouvet

Au gré du chant des oiseaux et du vent qui souffle sur les toits enneigés, une jeune enfant se donne la réplique d'une histoire où elle est seule maître. Sur ses planches de répétition, une patinoire entourée de conifères et d'un tapis blanc à peine touché par la trace humaine, elle réinvente les décors en construisant des escaliers et les bancs d'un lieu public à même les flocons tombés la veille. Pour un instant de magie, elle oublie les lames de ses patins à glace pour n'y apercevoir que de jolis bottillons blancs comme en portent les collégiennes du village dans ces films anciens que sa mère visionne certains dimanches après-midi. En dépit de la consigne donnée par ses parents, l'enfant enlève sa tuque et ses mitaines afin de rendre la scène plus crédible. Elle ne rentre à la maison que lorsque la lune prend sa place à travers le ciel qui s'assombrit. Le soir venu, elle s'endort au rythme de sa candeur qui n'a qu'une unique envie, poursuivre en rêve cette mise en scène dynamique entamée au cours de la journée.

Hélas... l'enfant a grandi. Dans un monde, une famille, une génération où l'imagination n'a toujours existé que sous l'expression d'un accessoire de luxe, l'enfant a tout de même su conserver vivant son lien viscéral avec ses passions. Celles-ci ont continué d'alimenter sa joie quotidienne malgré la demande incessante, bien que silencieuse, de son entourage à ce qu'elle choisisse une autre direction quand le moment serait venu. Quand, au-delà de l'enfance, il y aurait l'appel d'une réalité austère et vaine à honorer chaque matin.

9 h 49, mardi le 20 mars 2011

C'est mon anniversaire. Je célèbre mes 36 ans. Je suis confortablement installée sur mon divan de faux suède qui a cette bien mauvaise habitude d'imprimer le périmètre du postérieur de celui qui y demeure assis trop longtemps, comme moi en ce moment. En pyjama, musique *lounge* en arrière-scène, j'entame ce récit en souhaitant qu'il se retrouve un jour au-delà des portes de mon salon.

Aujourd'hui, ce sera certainement la plus belle et chaude journée d'anniversaire que j'ai connue. Dehors, la température atteindra sûrement les 25 degrés Celsius; tout pour se sentir coupable de ne pas profiter de l'extérieur quand on n'a rien d'autre à faire.

Hier, alors que mes pensées étaient entre autres occupées à choisir l'endroit où j'irai célébrer avec ma famille, ma nouvelle patronne – depuis trois mois – m'a annoncé que je n'avais pas réussi ma probation.

Humiliée, damnée, fâchée : je ne sais trop quel qualificatif est le plus juste pour exprimer mon sentiment intérieur au cours des minutes qui ont suivi l'écho de ces mots désapprobateurs. Je me rappelle toutefois avoir eu ce sentiment de conviction que la fin d'un chapitre de ma vie venait de sonner. Et pour cause! Après avoir donné de mon temps, de mon énergie et de mon cœur à six différents établissements des services sociaux gouvernementaux, après avoir travaillé huit ans au sein d'un environnement trop lointain de ce que je suis, j'affirme aujourd'hui qu'on ne m'y reprendra plus. Le tour du jardin se terminait ici. C'était la dernière chance que je me laissais, à titre d'employée, de trouver l'espace adéquat pour y laisser fleurir mes racines uniques et originales.

Au cours des dernières années, je me suis tellement investie dans la recherche de l'emploi parfait. Je me suis toujours donné le droit d'aimer ou non un travail et le devoir de le quitter pour en intégrer un autre plus adapté à ma personnalité s'il le fallait. Depuis ma sortie de l'université, il y a exactement huit ans, j'ai occupé huit différents emplois, période entrecoupée de deux congés de maternité.

Je suis épuisée de cette lutte professionnelle sans fin. Je me répète que ces expériences m'ont permis d'acquérir de la maturité en plus de développer de nouvelles habiletés sociales et professionnelles, certes. Mais toutes ces adaptations physiques et morales m'ont obligée à côtoyer plus d'une fois des zones d'inconfort et de déséquilibre. Tout ça pour revenir, encore une fois, au même point de départ.

Mon portable sur les cuisses, allongée de tout mon long, je suis inconfortable. Je repasse les événements des dernières heures dans mon esprit, encore et encore. Hier n'aura été qu'une suite de faux pas.

Après avoir appris que je n'avais plus d'emploi, il était convenu que je retourne, en début de soirée, sur les lieux de « feu » mon travail afin de vider mon bureau sans avoir à y croiser mes anciens collègues. En chemin, ma voiture s'est arrêtée net sur l'autoroute. Complètement déconnectée de la réalité, j'avais oublié qu'il n'y avait plus d'essence dans le réservoir. Assurément, cette fin de journée m'arrachait ce qu'il me restait de dignité! Vidée, et ne me restant plus que le sarcasme pour dédramatiser la situation, je me suis dit que ma voiture, empathique, s'était tout bonnement synchronisée avec mon état interne.

Alors que j'attendais patiemment les secours d'une âme charitable sur le bord du fossé de l'autoroute 40, celle-là même qui se prend des airs de printemps depuis quelques jours, mes pensées m'ont affectueusement, mais maladroitement, tenu compagnie. Des sentiments de toutes les saveurs se débattaient afin de déterminer lequel donnerait le plus de fil à retordre à mon système nerveux central. Mes vaisseaux sanguins ne savaient plus quand s'élargir pour laisser passer le trop grand flux de sang qui circulait dans mes veines, ni quand se rétrécir pour revenir à l'équilibre. Mon seul but, à ce moment précis, était de conclure cette journée le plus rapidement possible.

Il y a huit semaines, alors que la planète entière entamait une nouvelle année, je débutais un nouvel emploi, celui de ma vie, croyais-je alors. Si tel était le cas, ma vie s'est arrêtée hier.

Je suis déçue et j'ai peur. Malgré cela, je sens monter en moi un sentiment, pour l'instant très dissipé, d'excitation. Devant moi se dresse l'inconnu, celui qui angoisse, mais aussi celui qui motive et enivre parce que tout est à construire. En même temps que la désillusion me fait mal au cœur, une touche de résilience creuse son nid tout doucement en moi, comme un sourire sur mes yeux cernés. Puis-je me permettre d'être au moins, un tantinet, rassurée?

Mon divan commence à montrer des signes d'impatience devant le peu de tonus de mon nouveau corps de 36 ans. Après avoir complété un jeu de chaise musicale avec l'ensemble des coussins, je me lève pour essayer de passer cette journée d'anniversaire.

21 h 30, toujours le 20 mars 2011

Après une soirée d'anniversaire festive avec mon amoureux et nos deux filles, tellement heureuses de chanter « Bonne fête » à leur maman, est arrivée l'heure de mettre en veilleuse mon esprit surchargé d'émotions et de recourir au sommeil. Toutefois, ma grande amie l'insomnie se montre plutôt hospitalière.

À peine vingt-quatre heures après l'annonce qui a agressé mon orgueil, malgré mon impression certaine d'avoir épuré toutes les possibilités que pouvait m'offrir le monde des services sociaux ministériels, je me surprends à réfléchir aux options professionnelles gouvernementales que je n'ai pas encore testées. Oh, que je me ressaisis! Travailler au gouvernement en tant que professionnelle, je l'ai tenté et j'ai vraiment essayé très fort d'y trouver ma place. Mais en vain.

Toujours insomniaque malgré les minutes qui déroulent, je réalise que Morphée me propose un plateau d'argent orné de moutons à comptabiliser. Je la prie de me laisser quelques secondes pour clore ma réflexion.

Ce magistral coup de théâtre, déployé il y a quelques heures, reste sans aucun doute une mise en scène bien ficelée de la part de mes propres intentions. En toute honnêteté, je crois que j'espérais en silence que la vie me propulse un jour dans une autre direction, celle privilégiée par mon être authentique. Je suis cependant bien consciente que la tâche reste immense. Il y a encore devant moi cette barricade de croyances limitantes qui obstruent mon regard sur le monde et limitent le déploiement de ma grandeur. Ces croyances ayant pris d'assaut ma liberté depuis que l'enfant en moi a cessé de croire qu'elle pouvait jouer toute sa vie.

9 h 23, mercredi le 21 mars 2011

Ce matin, mon cœur est plus léger. Outre cette impression de chute sans filet et la peur aux quatre coins de mon esprit, je constate que l'homéostasie revient doucement. Qui plus est, une parcelle d'espoir prend de plus en plus de place dans ma tête. Serait-ce possible que toute cette mascarade ne soit que l'annonce de la venue d'un nouveau monde? Qui a dit qu'une bonne nouvelle devait nécessairement s'inviter enveloppée de confettis et de paillettes? Peut-être est-ce l'univers qui m'envoie l'occasion de regarder dans une autre direction, la mienne, celle que je n'ai encore jamais véritablement osé emprunter.

Je me revois, il y a une quinzaine d'années, alors que mon parcours d'étudiante universitaire me guidait sur le chemin de la psychologie. J'adore l'être humain et toute sa complexité! J'aime l'observer, l'analyser, le comprendre et l'admirer. Bien entendu, j'ai représenté moi-même le meilleur des cobayes! Rien à voir avec ce désir de « me compliquer la vie », comme certaines personnes prennent plaisir à me répéter parfois. Même si quelques passages de ma vie ont été souffrants, difficiles pour l'orgueil et habillés de honte, j'ai toujours cherché à approfondir la connaissance de la personne que je suis. Considérer l'être humain comme un objet d'évolution personnelle reste un plaisir que je ne saurais bouder et me prépare toujours à mieux rebondir vers le prochain chapitre de ma vie.

Ma personnalité, aussi bien introvertie qu'extravertie, m'a aussi conduite sur le chemin des arts. J'entretiens de multiples intérêts artistiques : je peins, je suis photographe à mes heures, j'adore écrire et j'ai du talent pour l'interprétation dramatique. J'ai cette facilité à me connecter à mes sens et ainsi comprendre le monde qui m'entoure autrement qu'avec mon esprit rationnel. Je me considère comme une artiste, mais aussi comme une artisane. Un artiste cultive et partage, selon moi, une philosophie d'être, une autoroute émotive parsemée de liberté et de créativité, une ouverture à la différence et possède une définition illimitée de la beauté. L'artisan invente, crée des formes qui se voient, qui se touchent, qui s'écoutent.

Bien que tout ce qui est artistique m'interpelle, mon art, c'est le théâtre. Du plus loin que je me souvienne, j'adore créer des personnages, rendre crédible une histoire inventée par le bon choix des mots, par le soutien d'une ambiance adaptée ainsi que par une interprétation juste.

J'étais une enfant timide, qui puisait son énergie vitale dans l'imaginaire et dans l'habileté de la nature à devenir ce que sa créativité lui ordonnait d'être. Les années ont passé et je devenais une adolescente jouant encore à la poupée. Pendant que mes amies commençaient à regarder l'individu masculin d'un œil différent, j'éprouvais la hâte de revenir chez moi afin de déballer cette énergie ludique que j'avais dû oublier toute la journée. Alors que tout m'entraînait vers un monde adulte, je luttais afin de demeurer enfant le plus longtemps possible.

Je suis ensuite devenue l'élève qui s'est engagée dans toutes les activités théâtrales parascolaires, et ce, malgré ma timidité légendaire de l'époque et mon manque d'habiletés à socialiser. Depuis la première fois où j'ai incarné un personnage, où j'ai foulé une scène, j'ai su que l'art dramatique devait faire partie de ma vie.

J'ai fait du théâtre tout au long de mes études, de l'école primaire à ma formation universitaire. L'art dramatique me donne l'occasion de créer un univers différent du mien à partir de ce que je suis, mais aussi d'emprunter un chemin différent de mon quotidien habituel pour explorer le monde qui m'entoure. Parce qu'il m'oblige à me confronter à moi-même et parce qu'il n'a jamais fait naître en moi la peur d'échouer, aussi paradoxal que cela puisse paraître, cet art du ressenti a agi en véritable maître dans ma vie.

22 h 25, toujours le 21 mars 2011

Deux jours se sont écoulés depuis que la vie m'a obligée à changer mes plans pour les prochaines années. Je prends conscience que la situation n'est pas que malheureuse. En effet, pour l'instant, il est plutôt réjouissant de me savoir libre de choisir le déroulement de mon quotidien pour les prochains jours. Entre les rôles de maman, de conjointe, de femme et d'employée qui s'entremêlent jour après jour, je réalise que j'éprouve un grand plaisir à prendre doucement le temps d'accueillir au-delà de quarante pensées à la minute, gracieuseté de mon cerveau humain! Bien qu'il ne soit pas aussi irréprochable que je l'aurais souhaité, j'apprécie énormément mon fauteuil de salon, qui ne m'a jamais servi autant que durant les derniers jours.

Je repense à mon adolescence, au bonheur que j'ai eu de me lever chaque matin avec le regard posé sur la mer. De mon bout du monde gaspésien, je regardais les séries télévisées en croyant y voir la vie qui se passait sur une autre planète. Parce qu'une quinzaine d'heures de voiture me séparaient alors des grands centres urbains où ces histoires se racontaient, j'ai toujours eu l'impression que le monde du théâtre était inaccessible. J'avais 16 ans, complètement éprise de l'interprétation dramatique et convaincue que je ne serais jamais une comédienne reconnue, non pas parce que je n'avais pas le talent, mais parce que je n'avais pas le droit d'y rêver. Je ne pouvais espérer accéder à cet univers parce qu'il était beaucoup trop loin, non seulement physiquement, mais également de tout ce qu'on m'a dit que j'étais ou de l'adulte que je deviendrais. Plutôt que de m'encourager à suivre mon élan intérieur et mon envie d'explorer mes passions, on m'a fortement suggéré d'utiliser mes talents artistiques pour la décoration de mon futur bureau professionnel! Habitée par un grand sentiment d'impuissance, je me suis mise, moi aussi, à penser que les petits pains qu'on m'offrait étaient bien suffisants pour combler l'étendue de mon existence.

À la suite de mes études collégiales, je suis allée poursuivre une formation en psychologie à presque 900 kilomètres de mes origines. Me séparer de ma famille, de mes ami(e)s et de mon décor gaspésien a rendu ma première année à l'Université de Sherbrooke très difficile. Je ne sais pas si je peux attribuer la déprime que j'ai vécue pendant cette période en partie au manque de théâtre, mais cette année loin de chez moi a été la première où je ne suis pas montée sur les planches depuis ma découverte de l'art dramatique. La pratique de cet art agit sur moi comme le fait un rendez-vous intime avec MA mer gaspésienne, comme un repère de résilience. Ce sont deux outils « bien-être » qui me connectent étroitement à mon essence profonde. Ils agissent comme une sorte d'extirpation de mes tensions conscientes et inconscientes, et ça me fait le plus grand bien!

Après mon baccalauréat en psychologie, j'ai erré devant l'incertitude quant à mes choix professionnels. J'éprouvais ce tiraillement intérieur constant pour deux talents. D'un côté, il y avait mon amour de l'être humain, la proximité que j'ai envers les gens, mon sens de l'écoute bienveillante et mon empathie, et de l'autre, ma passion pour l'expression artistique et ma capacité à jongler avec les émotions afin de trouver l'interprétation dramatique juste. Âgée de vingt-trois ans et animée d'une affection semblable pour deux domaines différents à première vue, j'étais bien embêtée.

Afin de porter le titre de psychologue, je me devais de poursuivre ma formation universitaire au deuxième cycle[10]. Toutefois, la conception de plus en plus cérébrale et axée sur la recherche scientifique d'un métier qui interpelle la relation d'aide ainsi que l'empathie auprès d'un tiers me laissait hésitante. En réalité, du plus profond de mon cœur, j'avais le désir d'unir l'art dramatique et la psychologie dans le but de proposer une option à une société qui a tendance à trouver des solutions et à provoquer le changement en empruntant seulement le chemin de l'intellect. Je suis donc partie à la

---

10 Jusqu'à l'année 2000, une maîtrise universitaire complétée en psychologie était nécessaire afin de s'inscrire à l'Ordre des psychologues du Québec. Il est maintenant nécessaire, depuis 2000, de compléter un doctorat en psychologie.

recherche de ma voie et, par un soir d'automne 1999, J'AI TROUVÉ!

En septembre 2000, je commençais une maîtrise en art dramatique à l'Université du Québec à Montréal. En vingt-cinq ans d'activité de cette maîtrise spécifiquement, j'ai été la troisième étudiante à orienter sa recherche vers l'univers interventionniste du théâtre. Fière et motivée, j'étais convaincue qu'une voie me sollicitait enfin.

14 h 25, jeudi le 22 mars 2011

Je raccroche à l'instant d'une conversation téléphonique avec une collègue que j'apprécie énormément. Quel bonheur d'être écoutée et encouragée à suivre la route qui est mienne, sans jugement ni projection de peurs qui ne m'appartiennent pas. Depuis trois jours, je marche sur un sol incertain, parsemé de doutes face à l'avenir. D'entendre l'enthousiasme d'une amie qui s'exclame « *Martine, t'es une artiste! Enfin, tu vas avoir la chance de mettre tes réels talents en avant-plan et de créer!* » m'a remplie de détermination. Malgré le risque de perdre des « semblants » d'alliés, le moment est venu de partir à la conquête de ma planète et de ses habitants originaux, sensibles et extraordinaires! Convaincue, j'entends presque mon divan me chuchoter que désormais, la chance me viendra facilement et abondamment!

Je me rappelle qu'après avoir complété ma maîtrise, si je désirais poursuivre cette mission de faire connaître l'art dramatique comme un médium fabuleux de développement personnel, je savais que j'aurais à le faire de façon autonome. Toutefois, à vingt-huit ans, c'est de fonder une famille dont j'avais envie. C'est à ce moment que j'ai débuté ma course à l'emploi « stable, créatif, unique, original et portant une mission humaine », idéal, quoi! Aujourd'hui, la vie me fait comprendre que le train dans lequel j'ai embarqué il y a huit ans repartira sans moi cette fois-ci.

Mes muscles fessiers endoloris par l'immobilité dont je fais preuve, assise sur le même fauteuil ce matin encore, me poussent à me lever afin de célébrer le renouveau et la chance que j'ai de rebondir vers ma véritable mission.

22 h 39, mardi le 17 avril 2018 (oui, oui, 2018!)

Alors que ses deux grandes filles sont maintenant en route vers l'école, elle réchauffe son café et s'installe à la table de sa minuscule cuisine. Elle allume l'écran de son portable et reprend exactement là où elle a laissé l'écriture la veille. Elle n'en revient pas. Déjà sept longues années se sont écoulées depuis qu'elle a véritablement vécu ces mots. Sept années à poursuivre sa quête, à oser, à prendre de l'assurance, mais aussi à fuir, à rougir et à procrastiner. Même si l'expérience lui a démontré qu'il lui reste encore nombre d'apprentissages à réaliser avant d'incarner tous les jours sa vie souhaitée, elle accepte désormais de mordre à pleines dents dans sa fibre d'artiste et assume le titre d'entrepreneure sans trop sourciller. Elle sait ce qu'elle est, elle aime ce qu'elle devient.

Après avoir quitté les services sociaux ministériels définitivement à la suite de cette expérience de probation non achevée, j'ai répondu à mon désir de créer une réelle proximité avec les gens en devenant thérapeute en relation d'aide. Je suis allée me former en hypnose thérapeutique il y a cinq ans, et depuis, j'ai le bonheur d'exercer en bureau privé et d'animer des ateliers de groupe.

Cependant, comme l'appel du théâtre n'a jamais cessé de se manifester dans ma vie, je peaufine actuellement la structure de ma nouvelle entreprise, qui proposera diverses activités théâtrales pour comédiens amateurs, avec ou sans besoins particuliers, dont l'occasion de vivre l'expérience de monter sur les planches ou tout simplement d'expérimenter l'art dramatique comme outil d'épanouissement personnel. Mettant de l'avant des valeurs telles que la liberté et la responsabilité d'être soi, je désire, en créant *Katarsis*[11], rallumer des étincelles et redonner le plaisir de jouer à une multitude de cœurs humains.

Désormais assumée en tant qu'artiste, mais également en tant que thérapeute, je m'identifie comme une artiste de la relation d'aide, mais aussi comme une thérapeute qui croit au potentiel illimité de l'art parce qu'il met à contribution l'intégralité de l'être humain, peu importe son âge. Je suis prête maintenant à prendre les rênes de ma vie et à me laisser conduire par la magie du théâtre d'intervention. Reconstruire le monde une émotion à la fois, avec l'art dramatique comme éclaireur, telle est ma véritable mission.

---

[1]   *Katarsis* vient du terme « catharsis », anciennement utilisé dans le domaine du théâtre et de la psychanalyse, signifie la libération des émotions refoulées. Au théâtre, l'acteur qui interprète un personnage vit au quotidien ses émotions au même titre que le spectateur, en s'identifiant au personnage qui vit un conflit semblable au sien, se trouvent devant la possibilité de vivre une catharsis.

Devant chez moi, un carrosse m'attend. Le cocher m'indique que le chemin est dégagé. Nous pourrons nous rendre loin. Très, très loin...

Martine Ouellet

Agathe Tupula Kabola

Orthophoniste
Fondatrice de : Clinique multithérapie
Proaction
www.kabola.ca www.cliniqueproaction.com
agathe.tupula@kabola.ca

Œuvrant comme orthophoniste depuis 2010, Agathe Tupula Kabola est membre de l'Ordre des orthophonistes et audiologistes du Québec et détient la certification clinique d'Orthophonie et Audiologie Canada, reconnue comme norme à l'échelle internationale.

Animée par sa passion, sa détermination, sa volonté d'innover dans les pratiques de sa profession et son goût pour l'entrepreneuriat, elle fonde, en 2012, *la Clinique multithérapie Proaction* afin de réunir, sous un même toit, différents experts partageant les mêmes valeurs : respect, entraide, professionnalisme, innovation, plaisir au travail et approche familiale. Son rayonnement professionnel et son leadership lui ont valu d'être lauréate de nombreux prix d'entrepreneuriat.

Chroniqueuse pour divers magazines et émissions télévisuelles et radiophoniques, Agathe est également chargée de cours à l'Université de Montréal. Elle est une conférencière en demande pour plusieurs salons, colloques et événements réunissant des entrepreneurs ou des parents et des intervenants dans les secteurs de l'éducation et de la santé.

Madame Tupula Kabola est également l'auteure de : *Le bilinguisme, un atout dans son jeu – Pour une éducation bilingue réussie*, publié aux Éditions du CHU Sainte-Justine.

Sa profession, ses écrits, ses conférences et ses interventions dans les médias découlent de la même source de motivation : être près des gens, outiller les familles et les aider à avoir accès rapidement aux services dont elles ont besoin, en leur proposant des stratégies pratiques et innovantes. Voilà sa passion et la vision du service qu'elle désire offrir à la population.

Savoir tirer son épingle du jeu

*Le chemin que vous parcourez est lui-même
votre récompense et non la destination.*
— Inconnu

Une autoroute à deux voies. Une flèche allant droit devant sur la voie de gauche. Sa bifurcation vers la voie de droite, où sont griffonnés deux mots : « déposer » et « savourer ».

Voilà le croquis que m'avait esquissé Carole, ma consultante en ressources humaines, sur une feuille mobile, alors que j'étais dans mon bureau, en larmes, épuisée et rendue confuse par le surmenage. C'était en mai 2017. Je n'oublierai jamais ce dessin - que j'ai d'ailleurs conservé - car en l'espace de quelques minutes, Carole avait tout compris. Avant même que je ne saisisse moi-même ce qui m'arrivait.

Depuis 2010, je roulais à gauche sur l'autoroute. Après avoir complété ma maîtrise en orthophonie à l'Université de Montréal, j'ai débuté ma carrière en jumelant la pratique privée à un travail d'une journée par semaine dans un centre de réadaptation. Je ne comptais pas les heures où je planchais sur des dossiers à la maison et où je planifiais des activités d'intervention pour mes petits et grands patients.

En 2011, tout en continuant à travailler à temps plein, je dédiais essentiellement mes soirées et fins de semaine à mettre en place, avec l'aide de mon grand frère et de mon réseau, mon entreprise, ce qui allait devenir mon « bébé » pour les années à venir : *la Clinique multithérapie Proaction*.

En 2012, j'étais chef d'entreprise avec un effectif de six professionnelles et une adjointe administrative. En parallèle, j'effectuais un retour aux études dans le programme de diplôme d'études spécialisées (D.E.S.S.) en gestion à HEC Montréal, à raison d'un cours par trimestre. Mes connaissances dans le domaine des affaires étaient balbutiantes. J'ai l'habitude de procéder à l'envers dans la réalisation d'un projet : je me lance et quand j'ai besoin d'apprendre, j'apprends. Faire semblant jusqu'à réussir pour vrai, telle est l'astuce.

En 2014, l'effectif avait doublé chez *Proaction*. En plus d'assumer la gestion de la clinique et de continuer à suivre des patients, je me suis découvert un vif intérêt comme blogueuse et chroniqueuse dans les médias. J'ai réalisé ma première contribution sur l'orthophonie à l'émission *Libre-Service*, diffusée sur MAtv. L'année 2014 a marqué un tournant important : mes premières vacances de deux semaines, pendant lesquelles j'ai réellement décroché pour la première fois depuis que j'avais lancé mon entreprise. Un séjour inoubliable en République démocratique du Congo, mon pays d'origine.

En 2015, la clinique comptait désormais quinze professionnelles et une adjointe administrative. Je terminais mon D.E.S.S. en gestion. J'avais réduit mes journées cliniques à trois par semaine, mais j'avais augmenté ma présence dans les médias et m'impliquais activement auprès du conseil d'administration d'une épicerie solidaire de mon quartier, à Saint-Laurent, de même qu'à la Jeune Chambre de commerce de Montréal. La même année, je raflais le prix dans la catégorie

« Jeunes entreprises – Professionnels » au 31e Gala Alpha de la Chambre de Commerce et d'Industrie de Saint-Laurent – Mont-Royal.

En 2016, en plus d'agir comme chroniqueuse dans les médias, j'ai développé un volet conférencière et ajouté celui d'auteure à ma carrière en publiant mon premier ouvrage aux Éditions du CHU Sainte-Justine, un livre écrit en 60 jours. La répartition géographique des clients s'élargissait, entre autres grâce à la télé-orthophonie, allant de Coteau-du-Lac à Granby, en passant par Joliette et L'Orignal, en Ontario. La composition de l'équipe permettait d'offrir des services en dix langues. L'année 2016 a été marquée par des récoltes fulgurantes, alors que j'ai été lauréate de trois prix : « Prix Innovation-Desjardins », décerné par l'Ordre des orthophonistes et audiologistes du Québec, « Prix Relève d'excellence 2016 » du Réseau HEC Montréal - catégorie entrepreneur - et « Prix Entrepreneur de l'année » au Gala d'Excellence Vision et Inspiration du Regroupement des Entrepreneurs et Professionnels Africains (REPAF). Les récoltes n'étaient pas limitées à ma vie professionnelle. Je venais de passer le cap de la trentaine et tout fleurissait d'un coup. J'avais rencontré l'homme de ma vie.

En 2017 est venu se greffer à ma carrière le volet chargée de cours et chargée clinique à l'Université de Montréal. J'étais maintenant orthophoniste, chef d'entreprise avec un achalandage et un chiffre d'affaires en constante croissance, auteure, chroniqueuse dans les médias, conférencière, enseignante et mentor auprès d'orthophonistes débutant leur carrière ou des jeunes de la relève.

Bref, voilà sept ans que je vivais en accéléré à la puissance dix et que j'avais mis mes autres projets de vie en veilleuse. Ma vie était comme cette chanson de Rihanna : *Work, work, work, work, work…* et je ne comprenais rien du reste. Sept ans de dur labeur, de périodes de semence et de récolte en alternance, de montagnes russes émotionnelles, de moments de doute, de pleurs et de découragements, mais aussi de périodes truffées d'un bonheur immense, d'un sentiment de dépassement et d'accomplissement de soi. S'il est vrai que la seule façon de vivre ses rêves est de s'exploiter, eh bien, je ne donnais pas ma place en la matière! J'ai toujours aimé sortir de ma zone de confort et apprivoiser ce sentiment de peur qui m'accompagne constamment quand je me lance dans un nouveau projet. La peur est, à mon avis, le plus gros obstacle au développement humain. C'est peut-être pour cela qu'en 2012, j'ai signé un bail de cinq ans pour un local de 2 700 pi^2 sans même avoir commencé à recruter le personnel de ma clinique. J'avais sept bureaux à remplir et venais de mettre mes tripes dans la centrifugeuse.

Dès lors, je ressentais le besoin d'appuyer sur la pédale de frein. « *C'est normal de vouloir te déposer à droite pour savourer* » a exprimé Carole, d'une voix posée.

Le message était clair et faisait son chemin tranquillement dans mon esprit. J'étais au bout du rouleau. Je ne me sentais plus en mesure d'assumer la saine gestion de la clinique, de porter tous les chapeaux à la fois, et j'avais envie d'abandonner le navire *Proaction*. Paradoxalement, le 8 mai 2017, un article était publié dans *La Presse +*, où Marc Tison, journaliste, traçait mon parcours de jeune femme entrepreneure. Le titre de l'article : *Un jour, j'aurai ma clinique*[12]. Cet article m'a amené une visibilité insoupçonnée - et à mon entreprise, bien sûr. Je ne compte plus les appels, les courriels et les mentions sur les médias sociaux reçus pour me féliciter dans la semaine de parution de cette chronique. Des messages provenant de mes proches, de mon réseau professionnel et même d'enseignants de mon école primaire et secondaire! Des entrepreneurs qui voulaient mes services de mentorat pour les aider avec leur projet. Pourtant, si le titre avait reflété mon état d'esprit de l'époque, il aurait plutôt été « *Un jour, je vendrai ma clinique* ». Alors qu'auparavant, je voyais venir les lundis avec entrain et que je parlais de mon entreprise avec les yeux pétillants, j'en étais venue à vouloir m'en détacher et à attendre les vendredis avec impatience, comme bien trop de gens dans ce monde.

J'étais arrivée à une deuxième étape, une étape de croissance et de mutation, tant dans ma vie personnelle que dans ma vie professionnelle. Que faire? Garder le *statu quo* en tant que propriétaire unique et réinjecter des fonds pour engager une ressource supplémentaire qui m'aiderait avec la gestion de la clinique? M'associer? Pour assurer sa pérennité, vendre mon « bébé » à un plus gros joueur sur le marché et dédier mon énergie à ce qui m'allume et maximise mon épanouissement au plan professionnel, soit l'orthophonie clinique, l'enseignement, les médias, les conférences et l'écriture? Ma consultante en ressources humaines m'a rassurée en énonçant un message-clé : « *Ce qui m'apparaît comme un événement majeur aujourd'hui n'a qu'une importance relative dans toute ma vie.* »

---

12 http://plus.lapresse.ca/screens/cd5274f1-72f5-4c31-9071-0482c18b01a3%7C_0.html

Autrement dit, la décision que je m'apprêtais à prendre n'allait pas tracer le restant de mon existence de manière « coulée dans le béton », mais peut-être seulement lors des trois à cinq années subséquentes. Carole m'a rappelé que déléguer demeure un des défis les plus difficiles dans la gestion d'une entreprise. Comme je ne prends pas de décision impulsive sous le coup des émotions et de la fatigue, je me suis accordé le temps de réfléchir pour prendre du recul.

Proaction était devenue plus grand que moi. La clinique avait atteint la réputation de chef de file en orthophonie. Depuis 2013, je n'avais investi aucun dollar en recrutement, étant parvenue à bâtir une marque employeur enviable grâce à une culture mettant de l'avant le plaisir au travail et l'innovation tout en permettant d'attirer des candidatures spontanées sur une base quasi hebdomadaire. Je disposais déjà d'un logiciel de gestion intégrée en mode infonuagique me permettant de lancer une deuxième succursale sans compliquer le volet opérationnel. Pourtant, je sentais que *Proaction* ne me survivrait pas s'il m'arrivait quelque chose et que tout reposait sur mes petites épaules.

J'ai longuement échangé avec Diane, une avocate qui, par sa bienveillance, a joué un rôle pivot dans mon cheminement. Lors de notre premier appel, elle m'a écoutée et m'a posé une question simple : « *Si j'avais un bon soutien pour gérer mon entreprise tout en continuant mes autres occupations, est-ce que je continuerais?* » Pourquoi avais-je tant de mal à prendre des pauses? D'où venait cette manie de surcharger mon horaire? J'aime aller vite, loin, et me mettre en danger - dans le bon sens du terme. Notre enfance et l'éducation que nous avons reçue définit bien souvent ce que nous sommes.

À l'été 2017, après avoir consulté mon réseau, j'ai sérieusement envisagé l'option du partenariat ou de l'association. Étais-je faite pour gérer une entreprise à deux, Lionne ascendant Balance que je suis? Je suis passée par le processus de valorisation de mon entreprise à l'aide de Pelra, une amie d'une immense générosité, comptable et gestionnaire aux services consultatifs transactionnels. Je n'ai pas tardé à recevoir une offre d'une experte en marketing qui voulait embarquer dans l'aventure comme actionnaire pour la moitié des parts de *Proaction*. J'ai choisi de suivre mon instinct et de décliner son offre. D'une part, parce que celle-ci était sous-évaluée à mes yeux. D'autre part, la vision d'affaires de cette entrepreneure pour *Proaction* ne correspondait pas à la mienne et la vitesse à laquelle elle voulait multiplier les succursales dans les prochaines années me donnait le vertige. Je sentais que la portée sociale de mon entreprise et son capital humain n'étaient pas les moteurs qui la motivaient. Elle voulait maximiser son salaire et le mien le plus rapidement possible. J'ai préféré approcher un président d'entreprise que j'estime et qui partage mes valeurs afin de lui offrir des parts dans *Proaction* et mon engagement pour développer son service d'orthophonie à domicile, en échange des services de soutien de son équipe administrative pour la gestion du *back-office*. Bien que la culture et les objectifs stratégiques de son entreprise aient été compatibles avec ma vision des choses, le partenariat s'est plutôt soldé par du co-référencement, ce qui ne correspondait pas à ce que je recherchais. Néanmoins, ces démarches, qui ne se sont pas conclues comme je l'aurais souhaité au départ, m'ont appris à laisser mon intuition tracer ma route, en plus de me faire réaliser que j'avais bâti une entreprise avec une belle valeur, pouvant être attrayante pour des associés ou des partenaires potentiels.

En 2017, une occasion favorable m'a été offerte sur un plateau d'argent. J'ai été choisie pour faire partie de la délégation québécoise de douze jeunes femmes entrepreneures et professionnelles, soutenue par les Offices jeunesse internationaux du Québec (LOJIQ)[13], afin de prendre part à la Conférence des femmes de la Francophonie, à Bucarest, en novembre 2017. Un événement d'envergure réunissant 700 personnes issues des milieux politique et financier, du secteur privé et de la société civile, en provenance de tout l'espace francophone. La Conférence, sous le thème « *Création, innovation, entrepreneuriat, croissance et développement : les femmes s'imposent!* », s'est déroulée sous le haut patronage du président de la Roumanie au palais du Parlement de la Roumanie, le second plus grand bâtiment administratif au monde après le Pentagone.

Au menu : séances plénières, tables rondes et ateliers dans le but d'échanger sur les politiques et initiatives des États et gouvernements francophones en faveur de l'égalité femme-homme dans la vie économique. À l'issue de cette conférence, le premier réseau des femmes entrepreneures francophones[14] au monde a été lancé, visant l'échange de bonnes pratiques quant

---

13 https://www.lojiq.org/en/francophonie/actualites/actualite/article/une-delegation-franco-quebecoise-de-jeunes-femmes-entrepreneures-et-professionnelles-participeront-a-la-conference-des-femmes-de-la-francophonie-a-bucarest/
14 https://www.refef.org/

au démarrage, au financement et à l'expansion d'une entreprise. « *Elles s'imposent* » était devenu un cri de ralliement.

Ainsi, j'ai pu réfléchir aux défis et obstacles liés à la réalité des entrepreneures et échanger sans tabou sur le sujet avec des femmes au parcours inspirant. Ce voyage d'affaires tombait à point. J'avais besoin de partager avec d'autres femmes mes expériences, d'écouter leurs témoignages et de faire un *brainstorming* sur des solutions concrètes. L'émancipation à l'état pur afin de valoriser le savoir-faire des femmes dans le monde de l'entrepreneuriat. L'ambiance était électrique!

Le public est souvent témoin de nos bons coups et de nos célébrations en entrepreneuriat, mais les défis rencontrés et les appréhensions vécues en tant qu'entrepreneures sont beaucoup moins véhiculés et partagés. Laissez-moi vous amener dans les coulisses de l'entrepreneuriat.

À l'échelle planétaire, en ville ou en campagne, les femmes entrepreneures ont la même difficulté à trouver les fonds pour pérenniser leur entreprise. Le sentiment d'imposteur et la difficulté à s'imposer semblent universels. De même que les défis d'innovation, la gestion de la croissance et le développement. Certaines manquent d'accompagnement pour en arriver à un *business model* viable. En plus de ces nombreux défis, d'autres auront à surmonter des barrières supplémentaires en raison de leur environnement social, politique ou économique.

En plus du fait d'être une femme, il y a la barrière de l'âge - jeunesse rimant avec inexpérience dans la tête de bien des gens - et de la couleur de peau. En tant que jeune femme métissée, je détenais un beau trio engendrant des préjugés défavorables.

Avec le temps, j'ai appris à sourire lorsqu'un homme, après avoir demandé à parler au directeur général de la clinique, montre, en me voyant, un air ahuri digne d'un gros plan dans un téléroman américain à l'eau de rose.

En ce qui me concerne, je ne compte plus les difficultés et les échecs par lesquels je suis passée depuis l'étape du démarrage et qui m'ont fait évoluer.

Les défis liés au flux de trésorerie dans les premières années ont fait que je ne me suis versé aucune paie avant 2014, soit deux ans après avoir fondé mon entreprise. En général, les structures qui ont la vocation de financer et d'assister les jeunes entrepreneurs ne répondent pas présentes quand on en a besoin. Mais, à défaut d'avoir une paie décente, je me sentais riche en connaissance et en expérience.

En outre, la conciliation travail-vie personnelle et la difficulté à bien gérer son temps en fonction de ses priorités tout en maintenant un bon niveau d'énergie entrent en ligne de compte. Tout prend toujours plus de temps que prévu, comme l'affirme la loi de Murphy. Peu importe les contretemps, on n'a que 24 heures par jour pour accomplir ce qui doit assurer notre succès. Et au début, on touche à tout et on apprend à faire les choses soi-même avant d'être en mesure de déléguer et de rémunérer quelqu'un. Ainsi, les premières années, en plus d'être orthophoniste clinicienne, j'accomplissais des tâches de commis comptable, de RH, d'analyse de performance *SEO* et *Adwords* et de mise à jour du site Web. J'assurais aussi la gestion des réseaux sociaux, le développement organisationnel, la publicité et j'en passe. Disons que tout cela brûlait beaucoup d'énergie. Savoir choisir les 20 % des tâches qui donneront 80 % des résultats, c'est tout un art.

Entreprendre signifie également vivre au quotidien dans l'incertitude totale et avoir une charge mentale immense. C'est savoir tolérer des conditions difficiles pour une période indéterminée. Pas toujours facile de se rappeler que notre valeur perdure devant l'incapacité de quelqu'un d'autre de la voir. La confiance en soi doit s'alimenter régulièrement. La passion ne suffit pas toujours. On se décourage très souvent, jusqu'à ce que l'on se remémore que ce que nous faisons a suffisamment d'importance pour que nous continuions à vouloir résoudre les défis qui se présentent à nous tout en sachant que nous connaîtrons encore des échecs, que ceux-ci ne nous définissent pas et que c'est la seule manière de faire des progrès. J'avais trouvé ce que j'aimais assez pour que les mots « succès » et « échec » n'aient plus guère de sens. Chaque épreuve nous prépare au succès et à un meilleur lendemain.

Je me suis heurtée à tellement de murs jusqu'à maintenant. Des exemples? Mon premier manuscrit a été refusé par deux maisons d'édition avant d'être publié. Il m'a fallu trois ans, après avoir posé ma candidature, avant d'être engagée comme chargée de cours à l'Université de Montréal. Plus récemment, cette année, avant d'être sélectionnée pour faire partie de la délégation d'auteurs soutenus par LOJIQ au 32e Salon du livre de Genève, en avril 2018, ma candidature a d'abord été refusée pour le Salon du livre à Bruxelles et pour celui de Paris. Les gens qui me suivent sur les réseaux sociaux sont parfois témoins du succès de certaines capsules vidéo qui attirent des milliers de vue, mais ne savent pas que les idées qui y sont véhiculées ont d'abord été proposées pour une émission de télé... et que le projet n'a pas été retenu. Je cite Elizabeth Gilbert, qui explique, dans son livre *Comme par magie*, comment le refus des magazines et des maisons d'édition à publier ses textes la motivait au début de sa carrière d'écrivaine : « *Je décidai de jouer au jeu des lettres de refus comme s'il s'agissait d'un gigantesque match de tennis cosmique : quelqu'un m'envoyait l'une de ces lettres (de refus) et je ripostais dans l'instant en soumettant un autre texte l'après-midi même. Ma politique, c'était : Tu me l'as balancé en pleine face, je vais le rebalancer immédiatement de l'autre côté de l'Univers.* »

Sur les réseaux sociaux, le public sait quand de nouvelles recrues se joignent à mon équipe, mais n'est pas informé des personnes de l'équipe dont on doit se départir à cause d'une mauvaise sélection. En 2017, une orthophoniste restée seulement trois mois au sein de *Proaction* avait fait suffisamment de dégâts auprès de la clientèle pour nuire considérablement non seulement à la réputation de mon entreprise, mais aussi aux familles qui nous accordaient leur confiance. Ça fait partie des éléments que les gens ne voient pas, parce que les chefs d'entreprise ne le crient pas sur tous les toits. Embaucher et former une équipe qualifiée demande de passer par la case « Garder son sang-froid » avant de démarrer.

En somme, la vie d'entrepreneur pourrait se comparer aux *Mini-Wheats* : il y a le côté givré et le côté sérieux. Travailler pour soi est cent fois plus difficile que travailler pour un employeur, du moins dans les premières années.

J'en étais venue à être fatiguée d'être seule capitaine de navire, à me sentir menottée et à aborder les tâches de gestion qui envahissaient mon agenda comme des obstacles à ma vie de rêve et contre lesquels je devais me battre. Je dépensais de l'énergie en émotions négatives sur quelque chose que j'avais moi-même créé. Ce n'était plus, pour moi, une occasion de développement, d'apprentissage et d'acquisition de nouvelles compétences. J'en grinçais des dents la nuit.

À Bucarest, j'ai eu l'occasion de participer à une table ronde où les entrepreneures devaient alimenter la réflexion sur les enjeux et les défis de l'autonomisation économique des femmes et sur l'égalité femme-homme en Francophonie. Je n'oublierai jamais l'exercice lors duquel chacune de nous devait écrire sur des *post-it* les trois défis majeurs que nous vivions en tant qu'entrepreneure. Nous étions une bonne cinquantaine à prendre part à cet atelier, des femmes en provenance de tous les continents. C'était incroyable de constater à quel point les mêmes difficultés se répétaient d'un *post-it* à l'autre.

Au moment d'émettre des recommandations, j'ai pour ma part proposé trois éléments. D'abord, rendre accessibles plus de modèles féminins, et ce, dès le plus jeune âge. Par exemple, en demandant à des entrepreneures d'animer des ateliers dans les écoles primaires ou de faire lire des biographies d'entrepreneures aux élèves. Un gramme de prévention vaudra toujours plus qu'un kilogramme d'intervention. La promotion de l'entrepreneuriat au féminin, de l'égalité homme-femme, du leadership des femmes devrait se faire dès la petite enfance. J'ai ajouté que les jeunes femmes entrepreneures comme moi avaient besoin de modèles qui font connaître leurs échecs, pas seulement leurs réussites. On n'a qu'à se rappeler les parcours d'Oprah Winfrey ou de Hillary Clinton pour comprendre que les réussites ne peuvent être dissociées des échecs. Finalement, j'ai expliqué qu'à partir du moment où les investisseurs et autres parties prenantes choisissent de valoriser les retombées sociales d'une entreprise et son impact positif dans la communauté - et pas seulement ses états financiers -, plus de femmes qui font une réelle différence autour d'elles sont privilégiées.

**

Après des vacances d'un mois au Bénin avec mon amoureux en décembre dernier, je me sens plus reposée et lucide. Ma décision est prise. Enfin, ma longue période de réflexion amorcée au printemps 2017 est derrière moi, bien que le plus gros reste à venir. Au moment actuel, je ne sais pas encore comment j'y arriverai, mais je sais où je veux aller et souhaite effectuer mon changement de cap d'ici le 31 décembre 2018. J'aspire à me sentir plus libre de consacrer mon énergie et mon temps aux éléments qui sont mes forces et qui constituent mon terrain de jeu.

En janvier, j'ai pris la décision de m'offrir l'accompagnement d'une coach, Marie-Pierre, pour m'aider dans mon changement de cap. Elle me permet d'avancer dans mes cibles de développement et m'apporte des outils qui me donnent accès à un certain lâcher-prise et à une meilleure gestion de mon temps en fonction de mes priorités. Elle m'a fait comprendre qu'à partir du moment où je fais ce que j'ai à faire, je peux changer ma façon de voir la portion sur laquelle je n'ai pas le contrôle et relâcher la pression que j'exerce sur moi-même. Elle m'aide à canaliser mon mental envahissant, à relativiser puis voir les événements en perspective, en plus de me faire prendre conscience de mon langage intérieur. Simplement en changeant notre vocabulaire, on peut changer notre façon de penser, de se sentir et de vivre.

Je me sens prête à faire une coupure réelle avec la gestion de mon entreprise, à lâcher prise sur mon modèle et ma façon de faire les choses chez *Proaction*. Je ne me sens plus indispensable à son succès. Je souhaite que *Proaction* joigne un réseau de cliniques bien rodé partageant la même vision d'affaires, et surtout, les mêmes valeurs que les miennes. Je me vois toujours y travailler, mais sans être la pieuvre agile maîtresse de tout. Plutôt que d'avoir peur du jugement des autres (et Dieu sait que plusieurs m'ont mise en garde concernant les options de m'associer ou de vendre), je tâche de me rappeler que ma seule obligation est de bien faire les choses dans le respect, l'ouverture et la communication. Comme disait Roosevelt, « *Fais ce que tu penses être bien, on te critiquera de toute façon.* » En effet, les gens sont comme des livres : ils sont jugés par leur couverture. Certains liront ou demanderont le résumé, mais peu de gens connaissent ton histoire.

Me connaissant, je sais que j'aurai probablement encore cette tendance à vouloir aller vite et à me lancer dans mille et un projets. Mais du moins, je veux ralentir la cadence et savourer les prochaines années, en ayant le rythme du marathonien plutôt que celui du sprinter, plus compatible avec mes autres projets de vie. De toute façon, mes genoux ne suivent plus. Le sentiment de culpabilité continuera certainement de m'occuper par moments. Mais je continue de l'apprivoiser et de me pardonner, car je choisis d'écouter mon cœur. Il sait ce qui est bon pour moi. Et je dois aussi faire honneur à mon nom : Tupula signifie « celui qui pardonne » !

Je choisis dorénavant de travailler dans ma zone de génie, et toujours en ayant le courage d'être la meilleure version de moi-même, sans excuses ni remords. Même si *Proaction* avait pu aller encore plus loin et multiplier les succursales sous ma gouverne, d'autres que moi feront en sorte que *Proaction* poursuive sa belle lancée et franchisse un niveau supérieur. La résilience en affaires, c'est aussi savoir se retirer au bon moment, en assurant un transfert progressif et en douceur. Le premier pas pour avoir ce que nous voulons, c'est de quitter ce que nous ne voulons plus.

Tout en sachant que je me heurterai à d'autres épreuves à travers le processus de vente de *Proaction*, j'ai le sentiment que le meilleur reste à venir. Je veux fonder une famille et travailler un nombre d'heures décent afin d'être présente pour les miens. Je veux nourrir mon esprit en ayant davantage de temps pour lire. Il y a tant d'autres projets de vie qui me mettent en joie et pour lesquels je veux réserver mon énergie. Je suis chanceuse d'avoir le choix de vendre mon entreprise à 31 ans. J'ai la liberté de me fixer des objectifs, de faire ce qu'il faut pour les atteindre et de créer ce qui provoque des révolutions dans mon cœur. Un nouveau chapitre commence, mais l'histoire est loin d'être encore écrite.

Je serai toujours une entrepreneure et j'aurai toujours le désir d'accomplir de grandes choses.

Agathe Tupula Kabola

Elina Timsit

Éditrice, auteure
Fondatrice de : Les Éditions Prolepse
www.editions-prolepse.com
info@editions-prolepse.com

Elina œuvre dans le milieu de l'édition depuis plusieurs années. Passionnée de mots et de créativité, elle offre, depuis 2011, des services linguistiques et de marketing aux PME et aux particuliers en tant que travailleuse autonome.

À la suite de plusieurs stages et de collaborations avec des maisons d'édition en France et au Québec, ainsi que l'obtention d'un DESS en édition professionnelle à l'Université de Sherbrooke, elle saute le pas et fonde les *Éditions Prolepse* en septembre 2016.

Son but est de soutenir les artistes et de procurer une plus grande visibilité aux auteures et aux auteurs issus des minorités qui sont encore, actuellement, sous représenté(es). Écrivaine également, elle sait que le milieu de l'édition est un parcours du combattant et qu'au-delà de la simple édition de livres, le soutien des artistes « invisibilisés(es) » est primordial pour l'avènement d'une société plus égalitaire. Elle met donc son savoir-faire et sa créativité au service des écrivains(es) dans l'espoir de leur donner une voix qui leur est refusée ailleurs.

De manière plus personnelle, Elina est une jeune maman qui souhaitait une meilleure conciliation travail-famille, mais aussi une entrepreneure dans l'âme qui voulait se créer un emploi sur mesure tout en vivant sa passion pour les mots.

Résilience, vous avez dit résilience?

Tomber sept fois, se relever huit.
— Proverbe japonais

Vaste sujet que la résilience en affaires. D'aucuns diront que c'est le nerf de la guerre pour tout entrepreneur qui se respecte, mais ce n'est pas forcément si simple.

Elle, me semble-t-il, s'apprend avec le temps, et si, dans mon cas, c'est une manière d'en sortir plus forte, cela se couple souvent avec l'apprentissage de concéder. Et on sait à quel point il est parfois difficile de faire des concessions, surtout quand cela touche à nos valeurs profondes.

Quand on me demande ma qualité principale, ce mot me vient en tête en premier. D'ailleurs, mon mantra depuis maintenant une bonne dizaine d'années est « Tomber sept fois, se relever huit ». Je ne compte même plus le nombre de fois où j'ai dit ou écrit cette phrase.

Je suis en affaires depuis bientôt sept ans, au moment où j'écris ces lignes. Sept, comme le chiffre magique. Quand je regarde en arrière, je vois que beaucoup d'eau a coulé sous les ponts entre l'étudiante qui faisait de la pige sur des plateformes à deux euros les 300 mots et la propriétaire d'une maison d'édition féministe.

L'entrepreneuriat, je l'ai appris par moi-même, sans vraiment de repère ou de phare pour me guider, sans même vraiment mettre le mot « entrepreneuriat » dessus. C'était une manière de sortir la tête de l'eau, de ce marasme dans lequel se trouvait ma vie à l'époque. Je n'avais pas de réseau, aucun contact dans le domaine, aucune idée des tarifs en vigueur, aucune notion de comment fonctionnait le marché québécois. *Nada*. Zéro. *Niet*. Alors, j'ai accepté du bénévolat, des contrats vraiment sous-payés ou payés en « visibilité », comme on dit. J'ai couru après les factures et la clientèle comme une lionne affamée. J'étais en dilettante, tellement je n'y croyais pas, tellement je ne savais pas. Enfin, je croyais au métier, mais pas en moi; j'avais les compétences, mais pas les clés pour me faire une vraie place dans le milieu. Pourquoi les gens m'engageraient moi plutôt que celle qui a travaillé des années à TVA ou chez Cossette? Les gens autour de moi me répétaient qu'être travailleuse autonome, ce n'est pas un métier, c'est un à-côté pour les jours où l'on s'ennuie, mais on n'en vit pas. Il faut un boulot, un vrai, un 9 à 5 bien payé avec tous les bénéfices connexes, mais aussi le patron pour qui tu trimes des heures supplémentaires pas rémunérées et pour lequel tu affrontes coûte que coûte les heures de pointe. J'étais malheureuse comme les pierres, changeant de travail fréquemment à cause de crises d'anxiété trop fréquentes et d'idées noires bien trop récurrentes.

J'ai compris, un jour, que tout cela n'était aucunement une question professionnelle. Ni de près, ni de loin. Le problème, ce n'était pas les client(es) dissident(es) ou le manque d'expérience et encore moins le manque de compétences. Le problème venait d'en dedans.

Entrepreneure malgré moi

Je m'appelle Elina et je suis Française, immigrée au Québec en 2009. J'ai suivi ici celui que j'appelais à l'époque mon mari. Ce dont je n'avais alors pas pris conscience, c'est la cage dorée dans laquelle je m'étais laissée enfermer.

Quand nous souffrons de troubles de personnalité limite (TPL) et de bipolarité, comme c'est mon cas, nous avons tendance à attirer un type de partenaire particulièrement toxique et dangereux : les pervers narcissiques. La perversion narcissique est pour la victime une véritable descente aux enfers dont nous ne prenons pas vraiment conscience. Je compare souvent ceci à la parabole de la grenouille que l'on met dans une casserole d'eau froide, sous laquelle on allume le gaz de la cuisinière; celle pour qui il est déjà trop tard au moment où elle se rend compte que son destin est scellé.

Au fil des ans, j'ai été coupée de mes ami(es), de ma famille et de moi-même. Mes troubles ont été savamment entretenus, tout comme ma faible estime et mon dégoût de moi-même. J'étais devenue dépendante financièrement, affectivement, physiquement et émotionnellement. Une véritable coquille vide souriante et menteuse. Aux yeux de la société, nous étions le plus beau couple du monde, toutes nos relations (ou du moins, le peu que nous avions) nous enviaient notre parfait bonheur. Mais je vivais comme cette grenouille, léthargique, face aux commentaires passifs-agressifs, aux remarques prônant un jour le blanc et le noir le lendemain, l'isolement, la culpabilité, l'angoisse de l'abandon, les menaces à demi-mot, le chantage affectif. Une vraie machine de destruction massive aux yeux d'ange et aux manières socialement acceptables. Je ne vivais

69

finalement que jusqu'au prochain Xanax – un anxiolytique – et à la prochaine marque d'amour. J'acceptais que les disputes (rares, mais violentes) soient ma faute, même pour les actes les plus perfides que je subissais. J'étais littéralement morte de l'intérieur, mais je mentais assez bien pour paraître forte et libre aux yeux du monde. Quelques personnes un peu plus perspicaces avaient essayé de tirer la sonnette d'alarme, mais il avait tôt fait de faire taire ces rumeurs à mes oreilles, les qualifiant de jalousie ou de médisances. Je l'ai défendu bec et ongles en me bouchant les oreilles et en fermant les yeux. Ma tombe se creusait, littéralement, et je vivais avec ce fait, même si mon esprit a essayé de me sortir de là par la force. Rares sont les jeunes mariées qui font une tentative de suicide à peine trois mois après leur mariage, il me semble. L'emprise était cependant trop forte et a duré huit ans. Il a fallu qu'il joue avec le feu en me quittant pour me voir ramper à ses pieds pour que le déclic se fasse; c'était la goutte de trop et ce fut l'illumination. Je ne voulais pas crever avec une cuiller en or empoisonnée dans la bouche. J'ai demandé le divorce et me suis effondrée de fatigue, à 6 000 kilomètres des miens, le TPL dans le tapis, sans emploi et encore aux études. J'ai eu la chance immense d'avoir des proches qui, s'étant peut-être éloignés, ne m'ont jamais abandonnée. Je leur dois la vie et la capacité de rester dans ce pays que j'aime tant.

Après la tristesse viennent la rage et la colère; ce sont elles qui m'ont sauvée. Son masque est tombé, il m'a traînée dans la boue. Toutefois, il avait présumé de mes forces, ou plutôt de mes faiblesses. J'ai fait front et si j'ai perdu beaucoup de batailles, je considère avoir gagné la guerre. J'ai lutté comme jamais dans ma vie et me suis raccrochée, comme souvent en cas de tempête, à mon travail, à mes études et à l'amour des personnes qui avaient toujours été là. J'ai également renoué avec ma passion, l'écriture, et six mois après cette séparation, j'ai publié deux livres. Également, à travers tout cela, j'avais trouvé ma voie : l'édition.

Je ne sais pas encore comment j'ai fait, mais j'ai réussi à m'expulser de la casserole avant de rendre mon dernier souffle.

Malgré tout, les traumas étaient bien là, ceux des huit ans de « séquestration dorée », mais aussi ceux d'un viol conjugal, qui s'ajoutaient aux autres agressions sexuelles perpétrées par un conjoint précédent. Mon syndrome de stress post-traumatique s'est réactivé, accompagné de ses amies l'anxiété généralisée, la phobie sociale et l'agoraphobie. J'ai manqué plusieurs cours et changé beaucoup d'occupations entre 2012 et 2014. Néanmoins, mes mandats de pige persistaient.

En 2014, j'ai pris la décision d'arrêter d'intégrer à tout prix le moule des entreprises et me suis lancée définitivement à mon compte. J'ai donc été pigiste en services linguistiques pendant deux autres années avant d'ouvrir un des rêves de ma vie : une maison d'édition féministe, les *Éditions Prolepse*.

Mot pour mot, dent pour dent

Je suis une femme qui aime les mots, je ne vis que pour ça. Ç'a toujours été le cas, et si nous regardons la définition de résilience, nous y trouvons :

- *Propriété physique d'un matériau de retrouver sa forme après avoir été comprimé ou déformé, élasticité.*

- *La mousse à mémoire de forme possède une bonne résilience.* (Psychologie) Résistance psychique face aux aléas de la vie.
- *Sam s'était spécialisé dans un domaine de la psychiatrie, la résilience, qui partait du principe que même les personnes terrassées par les pires tragédies pouvaient trouver la force de se reconstruire sans se résigner à la fatalité du malheur.*— (Guillaume Musso,*Sauve-moi*, Pocket, p. 21)
- *(Système)* Capacité à absorber une perturbation, à se réorganiser, et à continuer de fonctionner de la même manière qu'avant.
- *C'est là grosso modo la définition de la résilience : la capacité d'un système à absorber une perturbation, à se réorganiser, et à continuer de fonctionner de la même manière qu'avant la survenance de cette perturbation. —* (Brian Walter, « Qu'est-ce que la résilience ? » La Libre.be, 07 août 2013)...*[Source Wikidictionnaire]*

Si je suis d'accord avec les deux premières définitions, la troisième me laisse perplexe.

En effet, tout comme le métal, notre résilience (du moins, la mienne) semble se caractériser par notre capacité à retrouver notre forme après avoir été malmené(e) par la vie, que ce soit physiquement ou psychiquement. Toutefois, je ne pense pas que nous fonctionnions ensuite « de la même manière qu'avant »; il m'apparaît que nous évoluons mieux, ou du moins différemment. Les blessures s'effacent, mais les cicatrices restent. Celles sur mes bras en sont la preuve. Quand je les regarde, je sais que j'ai appris quelque chose : je suis plus forte que ça, que la douleur, que le désespoir, que les saloperies que la vie nous balance au visage.

Je n'ai pas honte de dire que je me suis mutilée, que j'ai fait quatre tentatives de suicide, que j'ai été violée plus de quinze fois par deux conjoints successifs, que je vis avec des problèmes de santé mentale qui ne se guérissent pas, que j'ai parfois beaucoup trop bu sur de trop longues périodes, que j'ai eu des comportements à risque. Je n'en ai pas honte, car tout cela fait qu'aujourd'hui, je peux affirmer être plus robuste que les embûches en me relevant de tous ces K.O.

Ma résilience en affaires vient principalement de celle que j'ai bâtie personnellement, car si j'ai pu survivre jusque-là, je peux survivre à tout.

Mon entreprise est ma création. Elle n'est soumise au bon vouloir de personne : je la contrôle et ne peux qu'avoir du plaisir avec elle. Bien sûr, comme le vit toute entrepreneure, il y a des fins de mois difficiles, des client(es) acariâtres, beaucoup de peurs et de pleurs, de découragement, de désespoir de ne pas vendre, de ne pas être à la hauteur, de ne pas être celle que je rêve d'être. Mais tout cela n'est rien face aux douleurs physiques et morales auxquelles j'ai eu à faire face au cours de ma vie. Cette entreprise symbolise ma respiration, car l'écriture est ma respiration. Quoi de plus beau que d'aider d'autres auteur(es) à trouver aussi ce souffle! Une entreprise, c'est matériel, et il est certain que si mon accomplissement ne se présente pas sous cette forme, alors ce sera sous une autre. Ton plan a échoué? On s'en fiche! L'alphabet compte vingt-cinq autres lettres. Il y a des luttes beaucoup plus dures, pénibles et périlleuses que la gestion d'une entreprise à affronter dans la vie. Tu es un phénix, tu es capable de tout!

Notre « pourquoi » d'entreprise me parait moins résider dans l'entreprise elle-même qu'en nous-même. C'est quelque chose de plus grand que ça, de plus grand que nous, qui nous habite et nous anime. Ce peut être nos enfants, notre besoin d'accomplissement, un parent vivant ou mort, une cause, un besoin d'aider, peu importe. Ce pourquoi est externe à notre compagnie et peut se réaliser de bien des manières.

Si je devais donc définir la résilience en entreprise (et c'est somme toute très personnel), je dirais que c'est la capacité d'un(e) entrepreneur(e) à se réinventer autour de son pourquoi.

Nous sommes le cœur de nos entreprises et tant que nous avons un souffle dans nos poumons, notre pourquoi vivra toujours dans notre cœur; c'est nous qui le faisons battre. Rien de plus, rien de moins.

Je sonne péremptoire quand j'énonce tout cela, mais c'est parce que je crois fermement que l'entreprise en tant que telle n'est pas importante. Elle n'est que l'enveloppe matérielle d'un rêve. Un peu comme un chat, notre pourquoi a neuf vies et bien plus encore. Il croît en nous.

Or, je vois cette force dans toutes les personnes que je croise, car il est impossible de vivre sans résilience. Nous pouvons être plus ou moins résilients, mais nous le sommes quoi qu'il arrive. Sans ça, la vie n'existe pas. Évidemment que certains boulets au pied sont plus lourds à traîner que d'autres. Je ne souhaite vraiment à personne d'expérimenter ce que j'ai pu vivre au cours de mes 33 ans d'existence pour comprendre ça, même pas à mon pire ennemi. Personne ne devrait voir l'intégrité de son corps et de son esprit atteint à ce point.

Nous augmentons cette capacité à nous relever en apprenant à nous connaître nous-même. J'ai l'immense chance d'avoir pu travailler sur moi afin de découvrir mes forces comme mes faiblesses (même si j'ai une grande tendance à prendre plus en considération ces dernières). Je connais ma maladie et j'ai appris à vivre avec elle. Je suis constamment en introspection, jamais vraiment satisfaite de là où j'en suis. À mes yeux, il est important de mettre parfois notre esprit à plat et de constater ces choses : ce que nous avons vécu ou appris, ce que nous avons mal fait, la douleur ou les blessures que nous avons éprouvées ou encore occasionnées, etc. Et d'être honnête avec soi-même, sans faux-semblants, sans fausses excuses. J'ai appris à pardonner et à me pardonner. Toutefois, cela ne signifie pas qu'il faille oublier. Mais par le pardon passent la guérison et la capacité à entreprendre l'étape suivante. Il faut apprendre à laisser aller, car il est impossible et dommageable d'emmagasiner indéfiniment la peine et les coups durs. Ils finissent par nous clouer au sol si nous ne lâchons pas du lest. Jamais je ne pourrais oublier la souffrance des agressions ou de l'abandon. Les stigmates physiques et psychiques sont là pour se rappeler à mon bon souvenir aux moments les plus inopportuns, mais j'ai pardonné. J'ai même de l'empathie pour ces personnes, qui ont dû vivre beaucoup de souffrances pour en infliger ainsi aux autres. Mon hypersensibilité m'a fait ressentir leurs démons et en acceptant d'accueillir tout cela en plus de ma propre charge émotive, j'ai pu m'en débarrasser. Le chemin a été long. Il n'est même pas achevé, mais je vois peu à peu la lumière au bout du tunnel et je sais que professionnellement comme personnellement, je suis à la bonne place.

Ma prochaine étape : apprendre à vivre mes peines pleinement. C'est un *work in progess*. Chaque pas est important, car il conditionne le suivant. Je suis loin de tout savoir, bien au contraire, et ce sera sûrement le cas jusqu'à la fin.

En définitive, et je pense que c'est lisible en sous-texte, il m'est totalement impossible de distinguer la résilience personnelle de son versant professionnel, car nous sommes un tout et toutes les sphères de notre vie se teintent les unes des autres. Un choc, d'un côté comme de l'autre, a un impact global. Nous ne pouvons circonscrire un événement dans une case, fermer la boîte et ne pas en être affecté. Il est évidemment possible de limiter les dégâts en essayant de ne pas se laisser perturber dans le reste de notre quotidien.

Il me semble primordial de constater la résilience partout où elle se trouve pour accepter à quel point nous sommes forts(e)s. Il n'y a pas de petits combats ni de petites victoires. L'idée d'apprendre quelque chose de nouveau chaque jour est un véritable moteur, même si parfois, j'aimerais en prendre acte de manière plus douce. J'espère, au cours de ma vie, transmettre un peu de cette qualité à mes enfants et à toutes les personnes qui comptent pour moi. Je ne veux pas apprendre seule, ne veux plus être seule pour faire face. À plusieurs, cet apprentissage a bien meilleur goût. Toutefois, ce dont je suis certaine, c'est que seule ou accompagnée, j'en suis capable. Je ne dois jamais l'oublier, et surtout, ne plus jamais M'oublier.

Je ne suis plus en deuil de moi-même

Les épreuves que nous vivons mettent fin à un statut et la résilience résulte donc d'une forme de deuil. J'ai parlé de phénix, car il est parfois nécessaire de littéralement reconstruire à partir de cendres. Je me suis armée de mon tube d'époxy pour recoller chaque morceau, et ce, plusieurs fois dans ma vie. Ce fut souvent long et pénible, mais j'ai pris la décision de ne plus jamais être en deuil de moi-même. Même si j'ai essayé plusieurs fois de mourir et que j'ai eu souvent l'impression d'être morte, je sais que l'essence de ce que je suis a toujours été, est et sera toujours. Je vivrai certainement d'autres deuils et c'est même impossible que ce ne soit pas le cas, mais en affaires comme personnellement, tant que mon cœur battra, rien ne sera sans issue, même si je suis seule et au fond du trou. Nous avons des ressources insoupçonnées, que d'aucuns essayent parfois d'étouffer dans l'œuf, mais il faut en revenir à soi, toujours, pour trouver la force.

« Tomber sept fois, se relever dix. » Même la mort ne fera pas taire votre résilience, car mort(e) ou vivant(e), vous reprendrez forme d'une manière ou d'une autre. Rien n'est vain dans la vie; tout a un sens et l'apprentissage ne s'arrête jamais. C'est le jour où ce dernier prend fin que la mort arrive pour de bon et que la résilience s'éteint à jamais. Cette force se transmet et elle transite en chacun(e) de nous, comme un flux continu et interconnecté entre toutes les personnes que nous côtoyons.

Êtes-vous prêt(e) à faire partie de cette dynamique? Si ce n'est pas le cas, moi oui. Cependant, je suis prête à partager avec vous pour que jamais cette dynamique ne se brise.

Elina Timsit

Nadine Beaupré, PCC, RYT

Coach d'affaires et d'intelligence
émotionnelle, Conférencière et professeure
de yoga
www.intrapreneur-e.com
info@intrapreneur-e.com

Fondatrice *d'Intrapreneur-e,* coach d'affaires certifiée par *l'International Coach Federation,* praticienne de l'intelligence émotionnelle, intervenante *Points Of You®*, conférencière, formatrice, professeure de yoga et maman, Nadine contribue à réduire la souffrance organisationnelle!

Sa vision ne consiste en rien de moins que de contribuer à l'émergence d'une nouvelle génération de leaders-gestionnaires dans le monde.

Ses études en leadership exécutif/organisationnel et ses vingt années d'expérience à titre de gestionnaire dans le secteur des services financiers ne sont que quelques-uns de ses atouts. Partenaire de *Jobboom, Huffington Post Québec, Workopolis, LIME* et *Les Inspiratrices*, elle a publié plusieurs articles en lien avec le développement personnel et professionnel.

À l'âge de quinze ans, Nadine gagne la médaille d'or en judo aux Jeux du Québec. À cette époque, elle est loin de se douter que les enseignements reçus de cet art martial lui permettront de mieux rebondir durant sa vie d'adulte et d'enrichir sa résilience.

Cette philanthrope s'investit dans diverses causes humanitaires, ici et à l'étranger, qui promeuvent l'autonomisation économique et sociale des femmes et le développement de l'esprit entrepreneurial pour lutter contre la pauvreté.

Découvrez son authenticité, teintée à la fois d'humour, de finesse et de sensibilité, de même que sa force tranquille : des attributs qui ne laisseront personne indifférent.

À la source du chaos, naît l'étoile en soi

La gloire ne peut être où la vertu n'est pas.
— Alphonse de Lamartine

Être au sommet de la gloire

Dans la pénombre d'une salle de conférence de l'un des plus beaux édifices du centre-ville de Montréal, je savoure la vivacité d'esprit et les propos d'une vice-présidente visionnaire qui anime avec brio le gala reconnaissance de fin d'année.

Sous la lueur des projecteurs, je me réjouis avec mes collègues du comité de gestion de voir défiler autant de nos employés qui sont sélectionnés dans les catégories telles que l'innovation, le rayon de soleil, le *boyscout,* la sœur Angèle et Félix Baumgartner.

Chaque gagnant se voit accompagné par un maître de cérémonie sur un tapis rouge qui le conduira à l'estrade de la reconnaissance. Le regard brillant et le sourire fendu jusqu'aux oreilles, chacun reçoit un trophée argenté sous une pluie d'applaudissements.

Au terme de cette journée riche de sens, cette haute dirigeante conclut la séance par la remise du dernier prix de la catégorie Nelson Mandela. Selon le libellé inscrit sur un carton griffé, il sera offert à un collègue inspirant, soit celui qui nous donne le goût d'être meilleur.

Pendant que le roulement des tambours se fait entendre on ouvre l'enveloppe, et mon cœur bat à une vitesse folle lorsque j'entends mon prénom être prononcé. Dans un élan de joie, les gens bondissent de leur siège et partagent avec moi cette célébration qui restera un doux souvenir gravé à ma mémoire.

Qu'aurais-je pu demander de mieux? J'avais réussi à inspirer le goût d'être meilleur par une carrière, au cours des vingt dernières années, à titre de gestionnaire et de coach professionnelle dans le secteur des services financiers.

Si seulement j'avais su ce que la vie me réservait au détour, j'aurais tenté de changer l'itinéraire des semaines à venir afin d'éviter un tel événement.

Le kata de ma vie[15]

Quelques semaines après cette soirée riche en émotions, nous sommes partis pour la Colombie. Ce voyage était planifié depuis plusieurs mois. L'année débutait du bon pied et ces vacances familiales étaient une bénédiction considérant que nous célébrions la rémission du deuxième cancer du sein de ma mère.

Le temps était magnifique. Nous étions loin des vestiges de la saison hivernale québécoise. La température frôlait les 35 degrés Celsius. Sous le regard amusé de leurs grands-parents, nos deux jeunes fils s'amusaient à creuser des trous dans le sable noir plutôt que dans la neige grisée par le calcium.

---

15 Le but du kata est double : 1. Travailler des gestes, des postures dans des situations données afin de les appliquer lors d'un combat; 2. Appliquer des principes fondamentaux comme la gestion des distances et de l'équilibre, l'attitude et la coordination des mouvements. Source : Wikipédia

La Colombie est un pays riche d'histoire et nous avons eu l'occasion d'en découvrir certains attraits lors d'un tour guidé. Depuis notre arrivée en cette terre irriguée par la mer des Caraïbes, le soleil dorait nos cœurs et le vent sifflait un air connu. Un air – ou un vent – de souvenirs de voyages effectués avec mes parents lorsque j'étais jeune. J'ai eu la chance de voir du pays avec ma famille ou pour le travail, mais cette fois-ci j'étais heureuse, et surtout, je me sentais privilégiée de partager ces vacances avec ma mère malgré ses multiples traitements et les médicaments qu'elle a dû prendre pour guérir.

Je profitais de chaque moment passé avec elle. Or, au retour d'une marche sur la plage, se sentant fatiguée, elle s'est arrêtée pour se reposer sur sa chaise près des autres. Comme je souhaitais prolonger cet état de bien-être, j'ai demandé à mon mari de se joindre à moi. La lecture de son livre l'absorbait; il a donc proposé que je m'offre ce moment de plénitude en solo pour mieux faire le vide.

Simultanément, l'épouse, la mère, la femme et la gestionnaire ont été séduites par cette idée. Enfin, j'allais m'offrir un peu de temps pour moi toute seule! Je savourais déjà le sentiment de liberté que me procurerait un moment comme celui-ci. Déjà, je m'imaginais ramasser les coquillages tout en laissant mon instinct choisir l'endroit de ma méditation.

Ayant marché plusieurs fois sur cette plage, et sur beaucoup d'autres ailleurs, j'ai laissé les doux souvenirs de mes voyages antérieurs diriger mes pas. Le sourire aux lèvres et le cœur léger, j'ai donc salué chaleureusement de la main mes enfants, mes parents et mon mari. « À tantôt! » leur ai-je dit.

Chemin faisant, je cueillais les trésors marins pour préparer ce qui allait constituer mon cercle de méditation. De temps en temps, je me rafraîchissais à la mer et nettoyais mes trouvailles avant de reprendre ma route. Sans m'en rendre compte, je m'éloignais un peu plus du regard des miens tout en entrant dans un état méditatif.

Entourée par la mer et la broussaille qui longeait la plage, là où aucun humain ne se trouvait à première vue, j'ai déposé sur le sable granuleux les joyaux qui compléteraient mon chef-d'œuvre.

Penchée vers le sol, j'entamais la forme de mon cercle quand subitement, deux pieds noirs sont apparus devant moi sur le sable. D'un seul coup, mon cœur s'est mis à battre la chamade, et l'adrénaline, à courir dans mes veines. Avec la vitesse d'une flèche projetée par l'arme tendue d'un archer, ma colonne vertébrale s'est déroulée d'un seul trait et j'ai croisé le regard de cet homme. Ses sourcils en pointes, son torse bombé et ses narines dilatées telles celles d'un taureau prêt à foncer, cet individu affichait le mépris. Il a baragouiné quelques mots en espagnol et je vous jure avoir entendu « *Ça va être ta fête, chica.* »

Violemment, il a empoigné mes parties intimes à travers la culotte de mon bikini. Sous l'effet de l'adrénaline, ajoutée à mon état méditatif, je me suis retrouvée en situation de combat comme lorsque j'étais sur un tatami dans un dojo de judo.

Survolté par la testostérone, l'agresseur machiste était enragé de ne pouvoir assouvir son désir de sitôt. Ma peau enduite de crème solaire l'empêchait d'avoir une bonne prise sur moi, et sa colère était palpable. Je me voyais côtoyer la mort. Je ne sais combien de temps je me suis défendue, battue contre lui, habitée par une force surprenante, une adrénaline qui n'allait pas me laisser rendre l'âme. Une fois enfin vaincu, mon adversaire s'est écroulé à mes pieds. Avait-il perdu connaissance? Était-il mort? Je n'en savais rien.

Mon instinct de survie, combiné à de nombreuses années d'entraînement assidu, venait de me sauver d'une éventuelle fin tragique. Toutefois, j'étais loin d'avoir remporté la médaille d'or, tout comme ce fut le cas aux Jeux du Québec, vingt-sept années plus tôt. Mon corps était couvert de blessures, dont l'une d'elles, à un genou, demeure aujourd'hui permanente.

Aussitôt libérée, je me suis engagée dans une course folle pour retourner auprès de ma famille et c'est en l'apercevant que j'ai ressenti un *shutdown* s'effectuer sur mon corps, dans mon être entier.

Dorénavant, rien ne serait pareil.

#Metoo (#MoiAussi)

Une convalescence m'a été prescrite afin que je me remette de ce tragique événement. Ma longue carrière de gestionnaire et la judoka en moi m'avaient enseigné l'art de bien s'entourer. Ainsi, mon équipe multidisciplinaire se composait d'amis sincères et de collègues, de ma famille proche, de psychologues, d'un médecin, d'un physiothérapeute, d'un massothérapeute, d'un acupuncteur, d'un sexologue, d'un hypnothérapeute, d'un kinésiologue, d'écrivains, de professeurs de yoga, de coach professionnels et d'entraîneurs sportifs.

Après de longs mois à me concentrer sur ce qui est le plus important dans la vie, soi, j'avais retrouvé mon poids santé grâce à soixante livres en moins. J'étais prête à reprendre le flambeau de ma carrière avec aplomb. Or, il est parfois difficile pour certaines personnes d'accepter le changement et dès mon retour, c'est ce que l'un de mes collègues m'a prouvé. En guise de message de bienvenue, des propos condescendants de sa part ont fait écho entre les quatre murs de l'endroit : « *Tu es une femme finie. Personne ne peut se relever de ça.* »

Étais-je victime de harcèlement psychologique ou était-ce parce que cet homme savait que la femme qui se tenait devant lui en valait deux? Qui sait...

Nous sommes de plus en plus conscients qu'une agression verbale ou physique, peu importe où elle a lieu, est un acte de domination, d'humiliation, de violence et d'abus de pouvoir qui porte atteinte à l'intégrité physique et psychologique, ainsi qu'à la sécurité d'une personne. Qu'on se le tienne pour dit, et nous ne devons jamais hésiter à dénoncer de tels comportements.

À cette époque, le mouvement *#Metoo* n'existait pas. Le silence était de mise en raison des préjugés inconscients et des tabous qui alimentaient la terre entière.

Un silence qui n'avait pas lieu d'être jusqu'à ce que l'actrice Alyssa Milano publie un *tweet* et que de nombreuses femmes ayant une notoriété publique et crédible telles que Pénélope McQuade et Oprah Winfrey ne fassent front commun.

Du coup, les *New York Times*, *Golden Globes,* Radio-Canada et Juste pour Rire de ce monde ont créé un réel tsunami sur les médias sociaux. Une mer d'accusations qui ont été rendues publiques s'en est suivie, et ce, même dans le secteur de l'humanitaire. Je ne peux qu'exprimer ma gratitude envers toutes ces femmes qui m'ont rendu ma liberté ces jours-là en coupant le dernier cordon qui me reliait au silence.

Selon les statistiques les plus récentes et les situations déclarées au Québec[16] :

- Le tiers des femmes sont victimes d'au moins une agression sexuelle avant l'âge de 18 ans
- 84 % des victimes sont de sexe féminin
- 40 % ont un handicap physique ou sont des femmes âgées

À vous d'en juger. Selon vous, combien de vos collègues féminines, de vos amies et de membres de votre famille choisissent de garder le silence?

J'en conviens, cette tranche de vie a été douloureuse et exigeante. J'ai appris à pardonner pour mieux avancer. Et deux années plus tard, j'étais de retour sur l'une des plages du Panama, accompagnée de treize membres de ma famille. J'y ai enfoui dans le sable une bouteille que j'ai confiée à l'océan Pacifique.

Comme le disait si bien Mark Twain : « *Le pardon est le parfum que la violette répand sur le talon qui l'a écrasée.* »

Au terme de ce cheminement, je me suis relevée du tapis afin de gagner le combat.

---

16   Source : http://www.agressionssexuelles.gouv.qc.ca/fr/mieux-comprendre/statistiques.php, http://ici.radio-canada.ca/nouvelle/811042/viol-statistiques-canada

Aujourd'hui, c'est ce qui fait que mes clients et mes partenaires d'affaires apprécient la personne que je suis et la force tranquille qui me caractérise à leurs yeux.

Love All the Way

Depuis la nuit des temps, nous savons que l'être humain est motivé par deux grandes forces : la peur et l'amour. La présence de l'une de ces forces annule systématiquement l'autre. Elles ne peuvent cohabiter.

Lors d'une conversation corsée entretenue avec mon père, celui-ci avait jugé que le moment était venu de faire passer un message au suivant : « *Nadine* (pause), *mieux vaut faire face à la peur que de lui tourner le dos. C'est ta grand-mère qui m'a transmis ce conseil* », m'avait-il dit.

Depuis, ces paroles résonnent en moi chaque fois que la peur se pointe le bout du nez. Un beau jour d'automne, j'ai demandé à un tatoueur professionnel de signer l'énoncé *Love All the Way* sur mon bras droit pour sceller de façon permanente cet engagement que j'avais pris envers moi-même.

L'effet A pour Ambition

Vous savez d'ores et déjà que le fait d'être une femme ambitieuse défiera les états d'esprit conventionnels.

Toute ma carrière avait été teintée de projets stratégiques me permettant de contribuer à plusieurs transformations organisationnelles. De beaux succès ont été réalisés avec une variété d'équipes multidisciplinaires et multiculturelles.

Ce parcours a été exigeant, très riche et inspirant. Bien sûr, les échecs ont aussi parsemé le chemin. C'est un fruit à goûter lorsque nous osons.

Il était devenu évident pour moi de la pertinence de prendre un moment de recul et de faire un constat de ce que j'avais appris jusqu'ici :

- Quels étaient mes valeurs, mes fiertés et mes regrets?
- Quels étaient mes talents, mes forces et mes faiblesses?
- Qu'est-ce qui me faisait vibrer? Quels étaient ma passion et mes rêves?
- À quoi ressemblaient les personnes aimantes, inspirantes que je côtoyais?
- Qu'est-ce que je voulais être, vivre et devenir?

À la lumière des réponses inscrites sur les pages de mon journal de bord, l'évidence même prenait forme sous mes yeux. J'étais une coach dans l'âme et je voulais réduire la présence de la souffrance organisationnelle dans les entreprises.

C'est pourquoi j'ai complété plusieurs formations portant sur le leadership exécutif/organisationnel, la neuro-sémantique, les neurosciences, la psychologie positive et la plasticité du cerveau.

C'est avec une bonne dose de courage et un brin de folie que j'ai quitté ma cage dorée pour démarrer *Intrapreneur-e* avec le soutien indéfectible de mon mari, de mes enfants et de ma famille proche. Le rêve qui accompagnait ma vision d'entreprise était grand et fort ambitieux : je souhaitais contribuer à l'émergence d'une nouvelle génération de leaders-gestionnaires dans le monde.

Cela paraissait prétentieux et à la fois casse-cou, puisque aucune subvention financière n'était offerte à une femme de 43 ans jugée trop vieille pour se lancer en affaires. *Un autre tabou qui mériterait d'être secoué par le gros bon sens.*

N'ayant plus de statut social officiel, j'étais vulnérable et inintéressante pour ceux qui avaient su bénéficier auparavant de ma position de personne privilégiée.

Plus d'une fois, j'ai été déçue par des personnes que je croyais être des alliées à mon démarrage d'entreprise. Le doute m'a habitée et mon ego m'a livré une bataille de tous les instants.

Je me souviens d'un commentaire plutôt ingrat, adressé par un homme d'affaires au cours d'un séminaire donné dans une université montréalaise : « *Nadine, il y a déjà plein de gens qui s'improvisent comme coachs et consultants. Ils font tous faillite avant cinq ans. Reviens sur terre avec ta patente d'Intrapreneur-e et commence donc par Montréal avant de viser le monde entier.* »

Qu'à cela ne tienne! Je rêvais grand et grâce à mon autofinancement, j'ai réussi à atteindre la pleine rentabilité dès la deuxième année. D'ailleurs, mon premier client a été le directeur général de l'Université ISCAM, qui s'est déplacé de Madagascar à Montréal pour suivre ce même séminaire. Et ça, ce n'était que le début.

Après avoir développé avec lui une relation d'affaires outre-mer sur une durée d'un an et demi, les Zoom et les fuseaux horaires de ce monde m'avaient permis d'éclore tel un bourgeon au printemps. Madagascar m'a accueillie en son sein afin de diffuser au peuple malgache des formations et des conférences à des gens d'affaires, des étudiants et à l'association EFOI, qui regroupe des femmes entrepreneures provenant des diverses îles de l'océan Indien. Cet homme, devenu un ami, m'a aidée à rendre possible ce que plusieurs croyaient impossible.

De retour à Montréal, la coupe aux lèvres et les cartes d'affaires en mains, j'ai réalisé que les défis du réseautage traditionnel étaient de taille et à ne pas sous-estimer. N'étant pas à l'aise d'entretenir des conversations éphémères, j'ai préféré mettre à profit mes talents créatifs et mes habiletés en communication. En mode autodidacte et avec beaucoup d'ingéniosité, j'ai créé mon site Internet tout en contribuant au rayonnement de plusieurs autres entrepreneures comme moi.

L'usage du marketing de contenu s'est imposé de lui-même et m'a offert une belle visibilité. Le développement de partenariats par la publication de blogues et d'articles sur les plateformes *LIME, Jobboom, Miss Marketing, Huffington Post Québec, PME en action* et *Les Inspiratrices* avait de quoi me stimuler.

Malgré ma personnalité introvertie, j'ai trouvé le coach idéal pour m'aider à développer mes habiletés de conférencière. Tout juste un mois avant l'été, je diffusais, en sol québécois, ma première conférence publique ayant pour titre « Le jugement des autres, ça ne vous regarde pas ».

On dit souvent que lorsque l'élève est prêt, le maître apparaît. Dans mon cas, des maîtres sont venus à ma rencontre.

Je suis reconnaissante et je remercie Hubert, Jaona, Clotilde, Marion, Anne, Carole, Randall, Sophia Izabel, Chantal B., Patrick

D., Diane B., Sylvie V., Hélène, Lucie, Dany, Léo, Christyne, Simon, Diane L., Gaby, Cécile, Serge, Pedro, Suzanne D., Sylvie R., Chantal T., Nadia, Patrick B., Dhouha, Ghani, Josée, Kosta, Lora, Sylvain, Xavier, Suzanne B., Roseline, Valérie et Isabelle.

Telle une goutte d'eau qui fait des cercles autour d'elle, sachez que votre histoire personnelle a su toucher plusieurs centaines d'autres personnes à travers la mienne.

Ainsi, la prochaine fois que vous serez tentés d'abandonner votre rêve, rappelez-vous que « cela semble toujours impossible jusqu'à ce que ce soit fait. » - Nelson Mandela

Namasté, chère Sangha

Au fil de mon parcours et encore aujourd'hui, la pleine conscience et le yoga ont fait partie de mon hygiène de vie quotidienne. Ce n'était pas le cas à l'époque où j'étais une jeune mère, à trois mois de terminer mon congé de maternité après la naissance de mon deuxième fils. Son frère était âgé de trois ans et le brouhaha de la vie familiale, combiné à une carrière de gestionnaire exigeante, m'épuisait juste à y penser parce que je ne m'accordais aucun moment de répit.

C'est en explorant les annonces publiées dans le journal local que j'ai repéré l'ouverture du studio *Yoga Monde,* situé près de chez moi. La publicité offrait le premier cours gratuitement avec Hélène Dalair et Nicole Bordeleau à titre de professeures.

Après avoir chanté timidement à trois reprises le son « OM » et flirté avec le pranayama en imitant le mouvement d'une vague, j'apprenais d'une façon malhabile les postures de base et quelques mots en sanskrit, ici et là.

Deux ou trois salutations au soleil plus tard, mes bras grassouillets tremblaient et mon mental s'éloignait de mon énergie vitale. Mon ego s'amusait à me glisser à l'oreille que le yoga n'était pas fait pour moi. Ce petit diable juché sur mon épaule avait bien raison. Vers la fin de la séance, la professeure nous a suggéré de maintenir la posture de l'enfant avant de conclure avec la posture du cadavre. « La posture du quoi? », me suis-je surprise à dire tout haut.

Une enseignante calme et bienveillante m'a invitée à m'allonger sur le dos et à demeurer éveillée durant ce qui était savasana. Épuisée et à bout de nerfs, je me suis endormie sur le tapis, les larmes aux yeux. Avec le temps, cette discipline ancestrale est devenue mon refuge et a grandement contribué à enrichir ma résilience et mon offre de services.

Puis, un beau jour d'été, en 2017, plusieurs membres de ma sangha et moi sommes devenues des professeures de yoga certifiées. Cette graduation m'a permis de consolider mes acquis et d'apprécier le tableau imparfait de ma vie. Avec humilité, j'ai accepté de servir par le rayonnement du mantra « Oṃ asato mā sad gamaya »[17].

Depuis, un grand nombre de mes clients profitent des bienfaits de mes cheminements professionnel et personnel sans toutefois avoir à enfiler des vêtements mous.

---

17   Upanishad 1.3.28 – Textes philosophiques - https://fr.wikipedia.org/wiki/Upanishad

En vertu du partenariat authentique qui se tisse entre nous, ces leaders inspirants savent se connecter à leur respiration pour mieux servir leur équipe respective. L'exercice de leur leadership conscient alimente toutes les sphères de leur intelligence émotionnelle et réduit systématiquement la présence de la souffrance organisationnelle autour d'eux.

Au final, chacun possède sa propre histoire de résilience qui permettra à d'autres d'entendre le silence qui a existé entre les jalons de leur parcours. Vous êtes, à votre manière, un autre battement du cœur de l'humanité. Bien que ce principe soit difficile à accepter sur le coup, et que ce soit plus facile à dire qu'à faire, sachez saisir les occasions qui se cacheront à l'intérieur de vos cadeaux mal emballés.

Tel un enfant, demeurez curieux et abandonnez le jugement sévère qui planera sur l'horizon de votre vie adulte. La dualité qui s'opère entre vos pensées, vos émotions et vos sentiments, passés et futurs, n'est qu'un jeu de l'esprit duquel vous êtes le maître à bord. Soyez vigilant, parce que tous les signaux que vous capterez autour ne seront qu'une parcelle de ce qui sera possible pour vous de transformer.

Bien sûr, nul ne détient la vérité de ce qui adviendra de votre vie. Faites qu'elle soit à votre image, pleine et entière. À présent, soyez en paix et sachez que, comme le disait si bien Eleanor Roosevelt, ex-première dame des États-Unis et fervente défenderesse des droits humains : « Personne ne peut vous faire sentir inférieur sans votre consentement ».

Nadine Beaupré

Dany Lizotte

Formatrice et Éditrice
Cofondatrice de : *Un chapitre à la fois*
www.unchapitrealafois.com
www.perspectivealtitude.com
dany@unchapitrealafois.com

Dany aide les gens à faire briller leur potentiel unique et différenciateur. Ses études en psychologie et ses 25 années d'expérience dans le domaine de la formation et des communications lui ont construit un solide bagage en termes d'optimisation des relations humaines. Dany offre une perspective bien personnelle du domaine de l'apprentissage.

Petite, elle perçoit le monde comme une source infinie de questionnements. Comment les choses fonctionnent-elles? Pourquoi les gens réagissent-ils ainsi? Dany aime comprendre tout ce qui se déroule autour d'elle et cherche sans cesse à trouver des réponses à ses interrogations. Sa mère tente par tous les moyens de l'initier à la lecture. Au-delà de l'évasion des romans, peut-être est-ce LA solution à toutes ses questions. Mais c'est davantage par l'observation des comportements humains que Dany tente de trouver des réponses. Le monde de la psychologie lui ouvre déjà les bras. Plus tard, c'est tout naturellement qu'elle en fait son choix d'étude supérieure.

Plusieurs années lui sont nécessaires pour découvrir la magie derrière les livres. Un pan complet d'infinies possibilités s'ouvre enfin et, avec lui, des pistes de réponses.

C'est en 1992 qu'un employeur lui fait observer qu'elle a un don : celui de transmettre, en termes clairs, des concepts complexes. Il lui propose une accréditation à titre de formatrice en entreprise. Dany est conquise. La passion de la formation la suit depuis. Poursuivre son propre développement et être à l'affût, à la fine pointe du domaine de l'apprentissage sont sans contredit, pour elle, des passions quotidiennes.

Dany croit que chaque personne est unique et que la façon de développer de nouvelles habiletés l'est tout autant. Les valeurs, l'expérience et les intentions sont des facteurs déterminants des raisons qui motivent l'apprentissage et c'est tout aussi vrai dans le domaine de l'écriture.

En 2015, elle fait le pas vers le statut de travailleur autonome et fonde *Perspective Altitude*. Avec sa touche de formatrice, jumelée à son intérêt toujours actuel pour la psychologie, elle concocte des ateliers dont le thème principal touche les valeurs.

C'est en 2017 que la rencontre qui la fera passer de travailleuse autonome à entrepreneure se produira. Sophie (Lavoie) et elle auront un coup de foudre professionnel, et c'est à deux qu'elles créeront la nouvelle version de *Un chapitre à la fois*.

Son mandat : faire briller votre côté unique à titre d'écrivain.

Tout est une question de perspective

*Ton attitude détermine
ton altitude.*
— Zig Zigler

Chibougamau, automne 1981

Je suis sur le bloc de départ de la piscine. Penchée vers l'avant, prête à m'élancer, je me répète les conseils de Pierre, mon entraîneur de natation : concentration, répartition du poids, propulsion, voir loin, tout donner. C'est simple! Le contact avec l'eau doit se faire gracieusement, comme si elle m'accueillait, n'attendait que moi.

Dans ma tête, tout se déroule à merveille. Dans la réalité, pour la vingtième fois ce soir-là, je fais un *flat* retentissant.

J'ai la tête qui tourne, les muscles en feu et mon corps ne demande qu'une chose : une pause. Mais je n'écoute pas ces informations, car encore plus fort que la douleur, il y a le désir de réussir. Je sors de l'eau et recommence, recommence et recommence encore.

Ce soir-là, je suis seule dans la piscine. Pierre a accepté de rester après l'entraînement pour me permettre de perfectionner mon plongeon de départ, un aspect déterminant en natation. Une compétition est prévue pour bientôt et je sais que je ne maîtrise pas très bien cet élément essentiel. Manquer son plongeon de départ, c'est dire adieu à une chance de médaille. Évidemment, de précieuses secondes sont inutilement perdues quand nous ne maîtrisons pas l'art des tout premiers instants d'une course.

Pierre m'observe, me répète ses consignes, propose des ajustements. Je l'écoute attentivement. J'assimile. Je visualise le départ parfait , me réinstalle sur le bloc de départ, m'élance et… fais un nouveau *flat* mémorable. Je n'en suis plus à une entrée plate près, alors je sors de la piscine, retourne au bloc de départ et continue.

Je ne sais pas combien de fois j'ai fait le circuit « bloc de départ-*flat*-retour au bloc », mais quelques années plus tard, Pierre m'a dit que, lors de cet entraînement particulier, il avait été témoin de quelque chose de marquant pour mon évolution en général : d'important: la détermination!

Jamais je n'ai mis en doute le fait que j'allais réussir. À ce propos, mon entraîneur me connaissait. Cette soirée-là, le prix à payer pour comprendre l'axe parfait du plongeon me semblait bien désagréable, mais je savais qu'au moment de ma compétition, j'allais être heureuse d'y avoir investi tout ce temps, tous ces *flats* et les rougeurs qu'ils occasionnent. Je voulais et j'allais réussir.

J'ai débuté la natation de compétition lors de mes années d'école au secondaire. J'ai poursuivi ce sport au cégep et à l'université pour une raison : le bonheur de me dépasser. Au-delà du sport, de l'entraînement et de la discipline, j'ai découvert la récompense du travail acharné et l'importance de croire en soi.

La compétition qui a suivi cet épisode d'acharnement à maîtriser un bon départ de course aurait pu donner de meilleurs résultats. En effet, j'ai réalisé que malgré cela, j'avais encore bien des croûtes à manger pour atteindre mes objectifs. La persévérance représente, par définition, une série d'actions et d'apprentissages. Mon plongeon de départ, j'ai fini par le maîtriser parfaitement. À un point tel qu'au cégep, relativement à cette facette de notre discipline, c'est vers moi que mon coach dirigeait mes coéquipiers.

Aujourd'hui, la formation occupe une belle et grande place dans ma vie professionnelle. Les mentors, les gens de confiance et tous ceux qui nous aident à nous propulser vers l'avant sont les piliers essentiels de toute vie réussie. En ce qui me concerne, nul doute que Pierre aura été l'un de ces mentors. Il aura aussi été un point de référence quand, à mon tour dans ma carrière, j'ai eu à accompagner des gens qui, stimulés par le désir de réussir, devaient faire preuve de persévérance. Être à l'écoute sans s'imposer, savoir respecter l'individu dans son entièreté, trouver les bons mots, mais surtout, parfois ne rien dire, sont les rudiments d'un art qui se maîtrise... tout comme un bon plongeon de départ!

La natation de compétition, par sa simple notion de plongeon de départ, m'aura fait découvrir... *la persévérance!*

Val d'Or, été 1988

Étudiante en psychologie au cégep, je déniche un emploi estival des plus formidables : monitrice sur un camp d'été. Parfaitement adaptée à mes études, la clientèle de vacanciers est variée : non-voyants, malentendants, personnes atteintes de handicaps légers à sévères, personnes âgées. J'évolue dans mon élément et j'ai le fort sentiment d'être utile à cette communauté. L'été sera porteur de belles réalisations, je le sens.

Bien que je m'y plaisais, la vie n'avait pas l'intention de me laisser batifoler bien longtemps dans cette zone de confort; elle me réservait une belle et grande surprise.

Au tout début de l'été, le responsable du camp me convoque à son bureau et m'informe qu'un poste de chef d'équipe – responsable de quatre moniteurs, de la santé et de la sécurité du groupe de vacanciers attribué aux moniteurs en question et de la logistique des horaires – est disponible et qu'il veut me l'offrir. Quoi?

J'ai immédiatement déchanté. Moi qui croyais œuvrer dans un environnement de travail valorisant l'expérience de chacun et préconisant le bien-être de ses vacanciers, dont nous avions la sécurité à cœur! Quelle dégringolade! Moi, étudiante au cégep, j'allais gérer une équipe de moniteurs d'expérience, dont certains en étaient à leur troisième été à ce poste? Je n'y comprenais plus rien.

Le sourire aux lèvres, mon gestionnaire me dit : « Dany, qui a proposé cette nouvelle façon de faire pour la distribution du matériel? Qui s'est immédiatement roulée dans l'herbe avec l'un des vacanciers qui affichait une réticence à se séparer de ses parents pour sept jours? Qui a instauré un horaire de pauses révolutionnaire pour assurer que tous les moniteurs aient un moment à eux lors de chaque repas? C'est toi! Alors, tu vas arrêter de te fermer les yeux sur ton leadership et tu vas lui laisser la place qu'il mérite. Tu as le poste. Fin de la discussion. »

Pour moi, cet été de 1988 aura été mémorable à tous points de vue. Encore aujourd'hui, j'y repense quand je mets en doute mes capacités ou que je juge mes aptitudes inadéquates. Merci à ce gestionnaire qui aura été au bon endroit au bon moment dans mon développement afin de me faire comprendre que la connaissance de soi est essentielle pour évoluer. Dans le même ordre d'idées, ce que les gens voient en nous est aussi à considérer. Selon moi, pour être en équilibre avec nous-même, il est important d'avoir une oreille attentive à ce que les gens qui nous entourent observent de nous. Ce sont parfois ces « petites poussées » vers l'avant qui nous font faire des plongeons vertigineux dans notre développement personnel.

Ce camp d'été m'aura fait découvrir... *l'importance de l'introspection jumelée au regard de l'autre.*

Automne 2007, sommet du Yala Peak (5732 m.), Népal

J'y suis. Je l'ai fait. J'arrive à peine à concevoir que j'ai le postérieur bien campé sur ce sommet dont l'ascension m'aura demandé toutes mes énergies, ma détermination et... encore plus! J'ai dû puiser profondément en moi pour atteindre cet état de « deuxième souffle » qui, finalement, nous transporte vers l'atteinte de nos objectifs un peu fous.

Toutefois, je n'y suis pas arrivée seule. Bien que mes pas, mon énergie, mon corps m'aient permis de toucher ce sommet, je ne suis pas la seule responsable de cette magnifique réussite.

Dix-neuf jours en montagne. Une équipe déterminée. Des sherpas qui impressionnent par leur agilité. Je me suis donnée ce défi, car j'en avais assez du métro-boulot-dodo et, surtout, parce que je voulais montrer à mon fils qu'avec de la détermination, de l'entraînement et de la persévérance, nous pouvons atteindre des sommets et des objectifs qui, à première vue, peuvent nous sembler inatteignables.

Mon fils s'est avéré l'un des éléments déterminants de ma réussite. Notre belle équipe de marcheurs avait planifié onze mois d'entraînement pour se préparer à l'ascension. Fidèle au poste, mon fils, alors âgé de onze ans, nous suivait à chacun de nos entraînements. Nous l'appelions notre « mascotte ». Tous avaient droit à un moment de *pep talk* de sa part, à ses petites tapes sur l'épaule et à ses mots d'encouragement. Tout en l'observant, j'étais très fière de le voir distribuer ses bons mots de façon aussi naturelle. Même s'il ne le savait pas encore à l'époque, il consommait et distribuait de la résilience comme un agriculteur sème son champ : à tout vent. « Tu n'es pas le premier en haut? Pas de problème, tu es en haut. C'est ça, ta réussite, aujourd'hui! », « Tu t'es foulé la cheville? Pas de problème, tu vas utiliser ta période de réadaptation pour renforcer le haut de ton corps pour les prochaines semaines! »

Où prenait-il tout cela? Les enfants ont une capacité à rebondir qui impressionne. Sur ces magnifiques sentiers du Népal, j'ai souvent imaginé son sourire, ses *pep talks* et je m'encourageais à marcher lentement mais sûrement. Les jours n'ont pas tous été faciles, mais tous ont été extraordinaires. Certains moments se sont montrés plus difficiles que d'autres, comme l'avant-veille de l'ascension finale alors que je n'étais plus certaine de faire le sommet; mon moral en a pris pour son rhume. J'avais été très malade les jours précédents et, craignant de ralentir le rythme – essentiel à une ascension –, j'ai envisagé de me retirer de la cordée du lendemain. L'équipe a dit non. Non seulement je ne me retirerais pas, mais je serais deuxième de cordée et le groupe s'adapterait à ma cadence. Si le rythme était bon pour tous, alors j'allais faire l'ascension avec eux, comme prévu.

Cette même soirée, nous devions communiquer par radio satellite avec une station radio du Québec qui suivait notre ascension pas à pas. Nous avions des heures de « rencontres » précises qui coïncidaient avec une émission programmée et les auditeurs pouvaient nous parler. Or, à ce moment, nous avons manqué notre rendez-vous radio et c'est plus tard que prévu que nous avons discuté avec l'une des animatrices. Elle était vraiment heureuse de nous entendre, car un message très important avait été livré par un auditeur qui s'était montré fidèle depuis le début de l'ascension : mon fils. À l'écoute du message spécial qu'il avait pour moi, mon cœur a fait un bond : « Maman, je sais que tu es capable. Tu es peut-être en train de douter, mais je suis là, avec toi. » Le simple fait d'entendre l'enregistrement de sa petite voix m'a donné des ailes.

Oui, je l'ai fait. C'est tous ensemble que nous avons réussi. Chacun de nous apportait à cette équipe un élément essentiel, un maillon de cette chaîne unique. À travers ses difficultés et ses réussites, chacun de nous a découvert une nouvelle facette de sa personnalité. Nous avons grandi.

Toute nouvelle expérience, même si ce n'est pas l'escalade d'une montagne au Népal, se veut un jalon de plus à notre processus de changement, d'accomplissement et cela influence le développement de la personne unique que nous sommes.

Cette montagne au Népal m'aura fait découvrir... *l'importance de l'équipe!*

Juin 2016, Appalachian Trail, Virginie

Selon moi, dans la vie, tout est une question de perspective : notre regard sur les événements, notre opinion sur les gens qui nous entourent, notre compréhension des aventures et des mésaventures du quotidien. Tout y passe. Notre interprétation de ce dont nous sommes témoins est teintée de notre propre expérience et de nos valeurs.

Ne dit-on pas qu'avant de critiquer qui que ce soit, il faut d'abord avoir marché dans ses souliers? Oh que j'y crois, à cette phrase! Il est tellement facile de dire « Oui, mais moi... »

Alors voilà : j'aimerais bien coller au pare-chocs de ma voiture « J'ai fait l'*Appalachian Trail* », mais... je ne peux pas. Car, selon moi, je ne l'ai pas fait!

Oui, j'ai sillonné ces sentiers pendant près d'un mois. Avec un sac à dos, en totale indépendance, transportant eau, tente, nourriture et tout ce qu'il faut pour survivre en plein bois. Oui, j'y ai laissé sueurs, larmes et quelques morceaux de peaux à la suite d'égratignures. J'y ai aussi rencontré des gens extraordinaires et croisé serpents, chevreuils et ours. Surtout, j'y ai passé des moments mémorables avec mon fils, fidèle compagnon de route. Depuis mon aventure du *Yala Peak*, nous avons fait bien des randonnées ensemble.

Tout bien considéré, persiste à dire que je n'ai pas arpenté ce sentier. Voici pourquoi : sa portion américaine, longue de plus de 3 500 kilomètres, débute dans l'État de la Géorgie pour se terminer dans le Maine. S'étend ensuite sa portion canadienne qui, elle, compte 3 100 kilomètres. Comme nous n'avons fait que le segment de la Virginie, nous étions considérés comme des *Section-Hikers* (marcheurs par section) et non pas des *Thru-Hikers* (marcheurs intégraux), traduction libre du fait que l'ensemble du sentier est marché en une seule saison sur toute sa longueur.

Là où le bât blesse, c'est sur le plan des mots. Quand nous parlons de perspective sur les choses, les événements, les sentiments, nous parlons aussi des mots et de leur importance, de la puissance que nous leur accordons et des impacts qu'ils peuvent laisser.

J'avais un peu d'appréhension à entamer cette randonnée. Il suffit de quelques recherches pour vite constater qu'elle ne s'adresse pas aux débutants. Mon fils souhaitait ardemment parcourir ces sentiers avec moi, alors je n'allais certainement pas décliner une offre pareille. La forme était au rendez-vous et la période tout à fait indiquée en termes de carrière. Je pouvais donc quitter pendant un mois l'esprit en paix. Mon conjoint, un homme fantastique, me connaît assez bien pour respecter mon désir de dépassement dans des projets un peu fous, mais nourrit bien d'autres rêves que celui de parcourir des sentiers avec les ours. C'est donc le cœur léger et la tête tranquille qu'il nous a laissés à l'aéroport par un beau matin de mai.

Au début, le rythme était bon. Les gens rencontrés étaient passionnés et passionnants. Nous avions droit, mon fils et moi, à des anecdotes de sentiers vraiment rigolotes et tout se déroulait à merveille. Ensuite, j'ai laissé le pire se produire : j'ai permis aux mots de saboter ma confiance. Eh oui, de simples mots peuvent venir à bout de la plus belle détermination.

Évidemment, comme nous étions en Virginie, tout se déroulait en anglais. Les anecdotes des *Thru-Hikers* y faisaient la manchette à cœur de journée et nous en croisions des *flyés,* qui couvraient les kilomètres à une vitesse folle. Il ne faut surtout pas confondre *Thru-Hiker* (marcheur intégral) avec *True-Hiker* (vrai marcheur). Même si, parfaitement bilingue, je faisais très bien la différence entre les deux, par un matin de grande fatigue, j'ai laissé s'immiscer en moi la possibilité que je ne sois pas une « vraie de vraie ». Et voilà, le mal était fait! Les mots avaient débuté le défrichage de ma confiance, ils avaient tout bonnement semé le doute et le temps a fait le reste du travail.

Ma perspective des événements avait changé. Tout à coup, j'étais un imposteur parmi les vrais. Je ne pouvais plus réussir. Comme il peut être facile de laisser tomber, de baisser les bras!

C'est un peu sur cette note que nous avons terminé notre portion de la Virginie. Nous avons à peine triché, avec le sourire, notre objectif étant de passer du bon temps ensemble en forêt, à se dépasser et à profiter d'un été sans pareil. Nous savions que ces objectifs étaient atteints. Par un bel après-midi de notre troisième semaine, au détour d'un sentier, bien adossé à une paroi rocheuse, mon fils m'a regardée et m'a dit : « OK, j'en ai assez, c'est ici que ça s'arrête! » Je ne me suis pas obstinée. Sur la carte, j'ai immédiatement vérifié où se trouvait le prochain accès à la route et quelques jours plus tard, après avoir fait du pouce sur quelques kilomètres et profité d'un déplacement en train, nous avons rejoint la ville de Washington pour y faire une pause « photographie » (mon fils est fan de cet art). Notre mois ensemble s'est donc terminé dans une atmosphère de détente, d'appréciation de l'eau courante et d'un lit d'hôtel bien moelleux. Comme quoi tout est vraiment une question de perspective.

De nature analytique, aimant la psychologie des gens et l'analyse des événements, je regarde souvent et longuement en arrière pour comprendre mon cheminement. Du temps à ressasser ces semaines sur l'*Appalachian Trail,* j'en ai passé. Je devais comprendre cette situation et en ressortir grandie. Je devais reconnaître où j'avais « abandonné » et, surtout, ne plus recommencer. J'ai finalement compris. Quand j'ai réalisé l'ampleur qu'aura eu ce tout petit « jeu de mots », j'ai souri.

Moi qui ai toujours dit à quel point les mots que l'on utilise sont importants. Qu'ils touchent, blessent, apaisent et réconfortent. Que les mots utilisés définissent un peu (beaucoup) qui nous sommes. Alors oui... j'ai souri!

Non, je n'ai pas fait l'*Appalachain Trail* tel un *Thru-Hiker.* Je l'ai plutôt fait à ma façon. À mon rythme. Chaque kilomètre a été parcouru avec cœur. Chaque sourire était sincère et chaque seconde passée avec fiston, irremplaçable.

Ce mois sur ce sentier m'aura fait découvrir que... *tout est une question de perspective!*

Aujourd'hui

Je partage avec vous ces épisodes représentant un ensemble varié d'expériences de vie, car j'ai une profonde conviction : ma résilience n'est pas le résultat d'un apprentissage unique; c'est plutôt un processus. Un état résultant d'une multitude d'enseignements.

La persévérance, l'écoute de l'autre pour mieux s'écouter soi-même, le travail d'équipe, l'importance de la perspective : chacun de ces axes aura eu raison de mes peurs, de mes craintes et de mes obstacles. En outre, chacun d'eux aura forgé la personne et l'entrepreneure que je suis aujourd'hui.

Tout comme mon parcours personnel, l'aspect professionnel de ma vie aura connu des hauts et des bas. Une variété de moments d'incertitude et de belles réalisations. Selon moi, grandir, c'est cela! À deux reprises, des entreprises pour lesquelles j'ai travaillé ont été achetées par un plus gros joueur de l'industrie. Ça ébranle! Mon apprentissage de la résilience m'aura permis d'être attentive aux émotions que tous ces changements auront produites et de mettre un pas devant l'autre en confiance. Depuis, j'ai l'immense bonheur d'être la cofondatrice d'*Un chapitre à la fois*. Ma partenaire de travail et moi continuons d'avancer avec cette profonde conviction que nous étions au bon endroit, au bon moment dans nos carrières respectives pour cocréer cette belle entreprise.

De quoi sera fait demain? Il serait hasardeux de prédire mes prochaines aventures. Avec conviction, je peux cependant affirmer ceci : apprendre, grandir et être à l'écoute de ce qui m'entoure seront mes plus fidèles alliés.

Dany Lizotte

David Salerno

Président et fondateur chez Solpak
Fondateur de : Small Business Sherpa
www.smallbusinesssherpa.co
david@smallbusinesssherpa.co

Entrepreneur-né, David fonde Solpak en 2005. C'est grâce à ses talents en gestion et à sa capacité de s'entourer de collaborateurs passionnés et dédiés que Solpak devient rapidement l'un des leaders au Canada dans les solutions d'emballage et de transport de mets préparés. L'entreprise en pleine croissance compte déjà plus de 325 clients, parmi lesquels se trouvent des traiteurs privés, scolaires, hospitaliers et institutionnels qui apprécient ses solutions innovatrices et écologiques de conditionnement, ainsi que son service clés en main très personnalisé.

L'acquisition de l'entreprise Ekovia en 2011 et le lancement de la ligne de camions multi-température Thermogo en 2014 ont contribué à alimenter une croissance moyenne annuelle de 36%.

Après avoir établi les fondations solides de Solpak et créé une équipe autonome, David a démarré le projet *Small Business Sherpa*. Telle est sa vision : *Sherpa* aide les entrepreneurs motivés, mais submergés par leur démarrage, à développer leur entreprise avec clarté et confiance. Ainsi, ils pourront avoir du plaisir au fil de leur parcours, et ce, tout en bâtissant une entreprise à leur service et non le contraire.

L'entrepreneuriat : envers et contre tout

Ce n'est pas parce que les choses sont difficiles
que nous n'osons pas, c'est parce que nous
n'osons pas qu'elles sont difficiles
— Seneque

Devenir entrepreneur implique de se battre pour réussir, mais faut-il le faire même au risque de perdre l'acceptation et l'amour maternels? J'ai eu à faire ce choix difficile avec ma première entreprise alors que je n'étais qu'un adolescent.

Du rêve au cauchemar

Je suis confus. L'odeur de renfermé et l'espace exigu dans lequel je me trouve au moment où je sors à peine de mon sommeil me sont familiers, mais la noirceur autour de moi change la donne. J'entends frapper à la fenêtre, et d'un bruit diffus, ce cognement devient presque aigu. « David! David! » On prononce mon nom. Je tourne la tête vers la gauche et aperçois, collé à la fenêtre, le visage de Sylvain, un de mes peintres. L'air inquiet, il me parle, mais je ne le comprends pas. À ce moment, je clique : je suis dans ma voiture. J'y dors. Il fait chaud, très chaud, mais je tremble.

En fait, je dormirais toute la nuit dans ma voiture, étant *persona non grata* dans la maison familiale. Mon peintre, qui cherche son jeune patron pour avoir avec lui une discussion importante en fin de soirée, réalise que quelque chose ne tourne pas rond dans ce scénario.

111

Comment mon rêve entrepreneurial avait-il pu tourner au cauchemar alors qu'à 17 ans, je devais me réfugier dans ma fidèle Pony pour y passer les nuits, comme un sans-abri à la vie brisée?

L'occasion d'affaires

Tout commence par une chance en or. L'occasion est trop belle. En cet automne frisquet, j'ai une bouffée de chaleur en voyant le kiosque dans la section « cégep » de la grande salle de mon collège. Pour moi, obtenir et exploiter une franchise de « Peintres Étudiants » au Canada, à l'âge de seize ans, est un rêve! Toute ma jeunesse, j'ai vu mon père ouvrir des commerces : restaurants, entreprise de location d'autos, agence immobilière. Je veux suivre ses traces en affaires même si celui-ci, qui habite dans un autre pays maintenant, n'y sera pas pour m'aider.

Malgré mon manque d'expérience en la matière, une passion inassouvie pour me lancer en affaires m'habite et cette perspective est fantastique. John, le directeur régional du franchiseur « Peintres Étudiants », me rencontre pour une entrevue. Le processus est long et difficile. Je pense de plus en plus à ma mère, qui me rabroue depuis des années : « Tu es tellement paresseux! Tu vas finir comme ton père, tu ne feras jamais rien de ta vie ». Dans une routine quasi hypnotique, j'ai grandi avec cette prophétique lecture maternelle du futur que, d'ailleurs, je soupçonne avoir intégré mon ADN.

Comment puis-je oser croire que j'ai vraiment ce qu'il faut pour gérer une franchise comme celle-là?

L'offre

Tout au long du processus de sélection des franchisés, John détecte en moi, au-delà d'une forte passion, des talents de vendeur et un esprit très organisé, propice à un rôle de gestionnaire efficace. Des vingt candidats pour le territoire de Brossard, je ressors parmi les plus forts, me dit-il, et ce, malgré mon jeune âge et ma relative inexpérience.

Juste avant les Fêtes, je reçois son appel.

- David, si tu avais la franchise pour l'été qui vient, à quel point y mettrais-tu l'effort? me demande-t-il des plus sérieux, le ton dubitatif.
- J'y donnerais ma vie! En fait, dès mon très jeune âge, j'ai imaginé gérer mon entreprise, lu des livres sur l'excellence en affaires, écouté des cassettes sur le développement de soi. Je me suis même inventé des scénarios d'affaires avec mon jeu de Monopoly. Je suis prêt!

Puis, après quelques secondes de silence...

- J'ai décidé de suivre mon instinct. Je veux t'offrir le territoire de Brossard pour la franchise Peintres Étudiants de l'été 1991. Si tu acceptes, la formation commence dans deux semaines.

Je suis estomaqué. John, un pur étranger, a vu en moi ce que personne ne voyait, encore moins ma mère. Je n'en crois pas mes oreilles!

Je reprends mon souffle, accepte avec excitation son offre et le rassure qu'il ne sera pas déçu de son choix. J'allais casser la baraque de la peinture résidentielle étudiante! John rigole avec cœur et me félicite parce qu'en acceptant l'offre, je deviens le plus jeune franchisé canadien sous la bannière « Peintures Étudiants ». Je le remercie avec emphase et raccroche, les larmes aux yeux. Peut-être que ma mère n'avait pas raison, après tout...

Ma mère! Je suis évidemment excité, mais tout à coup, la peur me saisit. Je dois lui en parler. Comme je ne suis pas encore majeur, elle doit approuver l'entente de franchise.

Que dira-t-elle, et surtout, approuvera-t-elle?

Le veto et la décision

Le week-end arrive. Je choisis le moment le plus propice. Elle semble de bonne humeur, c'est mon moment. Je lui annonce l'heureuse nouvelle de l'offre de « Peintres Étudiants ». Pas de félicitations! Elle rigole et ne prend pas au sérieux ce projet :

- Une organisation ne confie pas une franchise à un enfant de seize ans, lance-t-elle avec dégoût. Tu as besoin d'une voiture? Tu prendras ta bicyclette. Engager des gens? Tu ne sais même pas peindre! s'exclame-t-elle en pouffant. En plus, tu n'es même pas capable de fermer les portes des placards de la cuisine, imagine gérer une entreprise! Quelles sottises! Arrête de m'embêter avec tes théories fabuleuses. Aussi pire que ton père! Je le savais que tu finirais comme lui.

Évidemment, ma mère condamne toute l'opération.

- C'est hors de question, continue-t-elle. Oublie l'idée de gérer une entreprise de Peintres Étudiants l'été prochain. Tu ne pourras jamais te procurer une voiture, surtout pas à seize ans.

Tu es trop jeune. Tu es bien comme ton père, un rêveur qui n'a jamais rien réussi dans la vie. De toute façon, tu es mineur et d'un point de vue légal, c'est impossible.

Fin de la discussion...

Déchiré entre mon rôle de fils obéissant et ma passion entrepreneuriale, je prends la décision d'ignorer les objections maternelles et de ne pas croire à ses prédictions maléfiques. Le lundi matin, n'en faisant qu'à ma tête, j'appelle John et confirme que j'accepte avec plaisir.

Ma mère m'appuiera-t-elle cet été devant le fait accompli?

Le départ et ses tribulations

Alors que l'hiver tire à sa fin, je complète ma formation de franchisé. Je suis allumé, pose beaucoup de questions, prends encore plus de notes. Tout un univers s'ouvre à moi : techniques de marketing et de ventes, concepts de gestion des employés et fondamentaux en service à la clientèle. Tous ces sujets me passionnent! Je flotte sur un nuage.

Levé aux petites heures du matin et couché tard le soir, je travaille fort pour assurer ma réussite scolaire tout en préparant ma saison estivale d'entrepreneur. Pour m'équiper, j'obtiens un prêt de la Banque de développement du Canada (BDC). Je trouve un moyen de m'acheter une voiture, une Hyundai Pony 1987 à hayon. Elle sera parfaite cet été pour transporter pots de peinture, échelles et autres outils. J'ai dû me montrer créatif pour faire tout cela malgré mon statut de mineur.

Le printemps arrive enfin. J'engage mes peintres, dont deux ayant travaillé pour le franchisé de l'année précédente. Les autres sont des amis. Je commence à faire des devis chez des clients potentiels. Je suis dans mon élément. J'aime les clients et les clients m'aiment. Mon téléavertisseur neuf ne cesse de vibrer avec les appels provenant des clients, des employés et du bureau-chef. J'ai toujours en ma possession un rouleau de vingt-cinq sous qui me permet de retourner tous ces appels une fois sur la route et pour ce faire, j'ai repéré toutes les cabines téléphoniques publiques dans mon secteur.

Au début de la saison estivale, je stationne ma voiture au coin de la rue pour la cacher et ainsi éviter toute discussion désagréable avec ma mère. Je ne parle plus de « mon projet » ni de mes responsabilités de franchisé. Bien que ma vie d'entrepreneur me chamboule, je ne peux même pas le partager avec la personne la plus importante de ma vie. Toutefois, je gagne en confiance de jour en jour et décide finalement de garer ma voiture à la deuxième place inoccupée du stationnement de la maison. Probablement à cause de son instinct maternel, ma mère passe la tête par la fenêtre du salon au même moment avec un sourire mi-figue, mi-raisin. Son adolescent a trouvé le moyen d'acquérir une voiture. Je l'entends penser : « Avec quel argent? Et l'aide de qui? » Si seulement elle savait que légalement, le centre d'immatriculation a eu besoin de sa signature pour l'enregistrement de la vente et l'immatriculation de cette Pony! J'entre. Pas un mot; un lourd silence subsiste. Au fait, je n'ai jamais compris pourquoi elle avait abandonné le combat à ce moment précis de l'histoire.

Les défis, pour ne pas les appeler « problèmes », commencent à s'accumuler dans les semaines qui suivent. Par exemple, Pierre et Jocelyne me font confiance pour le rafraîchissement de leur sous-sol, mais le projet connaît des ratés. Mon équipe oublie de protéger une peinture artistique amateur posée au sol alors que la pièce est en chantier. Le couple nous aime bien, mais il souhaite une solution pour réparer ces dommages. L'un d'eux m'appelle à quelques reprises sur mon téléavertisseur ou à la maison, allant même jusqu'à parler à ma mère à un certain moment. Comment dédommager ces gens pour avoir abîmé une œuvre d'art sans valeur autre que sentimentale? Me sentant dépassé par ce problème, dont je reconnais la responsabilité, je suis tenté de ne pas retourner les voir, mais comme je suis déterminé, je souhaite prouver que je suis à la hauteur de mon projet.

La semaine suivante, un de mes peintres, François, un grand mince à lunettes rondes qui n'a de peintre que le look, c'est-à-dire celui d'un artiste et non d'un peintre résidentiel, fait gaffe sur gaffe. Il trouve même le moyen de briser, en marchant dessus, trois vieilles fenêtres à carreaux, aux cadres en bois, posées sur le sol. Je me retrousse les manches et, fort de mon expérience acquise dans une vitrerie l'année précédente, répare les fenêtres avant que le propriétaire ne revienne à la fin de la journée. Ouf! Nous l'avons échappé belle!

La saison devient super occupée et génère son lot d'appels et de suivis. Mes clients et employés, qui préfèrent éviter, autant que possible, le système impersonnel de téléavertisseur, m'appellent de plus en plus à la maison en laissant de multiples messages. Ma mère voit bien que le fameux projet dont son fils parlait avec tant de passion au cours de l'hiver est maintenant devenu une réalité. Les problèmes d'entrepreneur que je vis durant l'été deviennent vite ceux de ma mère par voie des messages téléphoniques laissés à la maison. N'avait-elle pas mis son veto quant à ce projet? Et à celui de l'achat d'une voiture? Qui était ce John, à qui elle avait parlé à quelques reprises pendant l'hiver? Quel genre d'organisation recrutait des mineurs pour gérer du personnel? N'avait-elle plus aucun contrôle sur son fils? Plusieurs de ces questions tournaient en boucle dans sa tête...

La crise

Un soir, je rentre à la maison exténué. Faire rouler son entreprise est beaucoup plus exigeant que je ne pouvais l'imaginer. Sans compter que je suis sous un stress constant à la maison, ne sachant jamais quand ma mère me sermonnerait ou me hurlerait mon incompétence notoire. Soudain, j'ai un *flash-back*. Même mes professeurs lui disaient, lors de rencontres de parents : « David a du talent et une intelligence énorme, mais gaspillée par une paresse désengagée ». Du coup, j'appréhende la suite des choses, mais au moins, les coups physiques ont cessé deux ans auparavant, à la suite de l'intervention des services sociaux...

Après le souper, ma mère ouvre la porte de ma chambre et se met à m'engueuler à tue-tête :

- T'as pas compris que tu n'es qu'un rêveur qui ne comprend pas les risques et les conséquences de ses actes? En plus, tu me déranges dans ma vie privée avec ces messages laissés sur le répondeur! Qui sont tous ces gens? Combien d'employés as-tu? Combien de clients? Où va l'argent? De qui as-tu emprunté pour payer tout cela? Pourquoi des clients insatisfaits appellent? Tu n'es même pas foutu de ranger ta chambre, quel culot as-tu de penser pouvoir être entrepreneur? T'en as du front tout le tour de la tête!

Enfin, la salve est terminée. Malgré mes excuses, mon air contrit et le fait de reconnaître que mettre le numéro de téléphone de la maison sur ma carte d'affaires était une très mauvaise idée, rien n'y fait. Je lui offre même de faire installer une ligne téléphonique secondaire, mais son regard qui tue anéantit aussi cette idée. Les aléas d'être à la tête d'une entreprise qui apporte son lot de défis, tout cela ne veut rien dire pour elle. Elle est tellement fâchée qu'au beau milieu d'une phrase, ma mère annonce qu'elle ne veut plus me voir et que je dois être prêt à payer le prix pour avoir été un fils si indigne.

Je sors de la maison en catastrophe et vais pleurer dans ma fidèle Pony, mon refuge. La honte me submerge. Peut-être a-t-elle raison. C'est évident, je suis sans aucun doute un imbécile heureux qui s'est cru entrepreneur. Des clients insatisfaits? Clairement de l'incompétence de ma part! Je ne peux même pas fermer les portes des placards de la cuisine! Je repense à mon père, qui me parlait de tous ses projets dont la plupart finissaient en échec.

« Tel père, tel fils » dit l'adage…

Le nouveau départ

Mais revenons à cette soirée passée dans ma Pony. Il est presque vingt-deux heures lorsque Sylvain me réveille par ses cognements répétés à la fenêtre de ma voiture. Il doit absolument me parler. Un peu perplexe de me voir dans cet état, surtout après avoir vu celui de ma mère lorsqu'il avait précédemment sonné à la porte de la maison, il m'annonce qu'il a l'occasion de partir en vacances avec sa famille. Il ne pourra plus travailler pour moi du reste de l'été. Inquiet, il en profite pour sonder le terrain.

- Pourquoi dors-tu dans ta voiture? Es-tu correct? Ta mère vient de me dire que tu ne t'occuperas plus de la franchise. As-tu besoin d'une place pour coucher?

Un peu ébranlé, mais déterminé à continuer, je me ressaisis et le rassure.

- C'est juste un malentendu. Ma mère est frustrée de recevoir mes messages pour Peintres Étudiants. Je vais changer deux ou trois trucs et tout va rentrer dans l'ordre. Inquiète-toi pas, j'ai un peintre supplémentaire. Tu peux partir tranquille en vacances. Profites-en, la famille, c'est important!

Sylvain me remercie pour ma compréhension et me quitte en me souhaitant un bon été. Il a dû se retourner trois fois en s'éloignant. Tout de suite après son départ, la colère m'envahit. Que ma mère ne croie pas en moi est une chose, mais qu'elle refuse tout compromis et sabote mes relations avec mes employés en est une autre. Quelle sera la prochaine action vindicative? Parler en mal de moi à mes clients? La situation ne peut pas continuer comme cela.

Je retourne dans la maison avec détermination dans le but de la confronter. Alors qu'elle regarde le bulletin de nouvelles, son verre de vin rouge à la main, je la bombarde à mon tour.

- Tu m'as toujours traité de paresseux et de rêveur irréaliste. Tu m'as toujours prédit un futur rempli d'échecs et de déceptions. Tu n'as même jamais hésité à te défouler sur moi physiquement à travers les années lors de tes crises de colère imbibées de rhum and Coke. Tu refuses maintenant de me soutenir dans mon aventure entrepreneuriale? C'est toi qui es indigne!

Je reprends mon souffle. La colère, encore une fois, alimente mon discours.

- J'ai réussi à devenir le plus jeune franchisé de l'histoire de Peintres Étudiants et je m'en suis quand même bien tiré jusqu'à maintenant, malgré le sabotage de ma propre mère!

Celle-ci, apaisée par l'effet soporifique de son vin, me répond calmement.

- Tu sais, à bien y penser, je ne serai plus responsable de toi légalement lorsque tu auras dix-huit ans. D'ici là, si tu persistes avec tes idioties de peinture à deux francs (Yep!, une mère française...), tu n'as qu'à continuer, mais ailleurs que dans ma maison. À toi de choisir.

Je n'en reviens pas! Je dois littéralement choisir entre la poursuite de mon rêve d'entrepreneur, qui me permet une survie matérielle, et la bonne entente avec ma mère. Je décide. Peu importe les difficultés rencontrées dans mon entreprise, je préfère persister afin de compléter ma saison de « Peintres

Étudiants ». Je veux prouver que je ne suis pas comme mon père et que ma mère aura eu tort. Avec un peu de recul et de temps, elle reconnaîtra bien mes talents et ma passion d'entrepreneur.

Ce soir-là, le cœur gros et la peur dans les tripes, je fais ma valise et quitte pour m'installer dans une chambre louée, située au sous-sol, chez une très bonne amie qui m'accueille à bras ouverts.

Le dénouement

L'été tire à sa fin et je termine mes derniers chantiers. Pour les dernières semaines de la saison, j'ai remplacé François par un autre peintre plus compétent et moins gaffeur. De plus, je me suis entendu avec Pierre et Jocelyne : j'achèterai des éléments décoratifs en remplacement de l'œuvre d'art salie par mes peintres. Enfin, j'ai terminé la saison avec un très gros projet commercial sur le boulevard Taschereau. Le contrat le plus payant de la saison!

Ma persévérance, mon obstination et mon indépendance d'esprit m'ont permis de relever le défi dans lequel je m'étais engagé. Cette idée folle d'adolescent n'était pas si folle, après tout.

L'évasion

L'automne suivant, épuisé par un été houleux émotionnellement et demandant professionnellement, mais surtout brisé de ne plus avoir de domicile ni de famille, je pars « refaire ma vie » à Vancouver dans l'espoir d'y démarrer une autre entreprise. Mais il y a un hic : je suis encore mineur et lorsque, par écrit, j'informe ma mère de mes plans, elle me déclare fugueur à la police. Disons que mon voyage a été de très courte durée. Un jeune faisant l'objet d'un mandat d'arrêt et qui passe 48 heures dans un aéroport international reste rarement inaperçu de la police.

Mais cette histoire, c'est pour une autre fois...

L'entrepreneur renaît... 25 années plus tard

Je suis confus. L'odeur de cuir et l'espace luxueux dans lequel je me trouve au moment où je sors à peine de mon sommeil me sont familiers, mais la noirceur autour de moi change la donne. J'entends cogner sur ma gauche, et d'un bruit diffus, ce cognement devient presque aigu. « Papa! Papa! » On m'appelle. Je tourne la tête et soudain apparaissent, collés à la fenêtre, les visages inquiets de Nicolas et Laura, mes enfants. Ils me parlent, mais je ne les comprends pas. Puis je clique. Je me suis assoupi dans ma voiture, stationnée dans l'entrée de ma demeure, en attendant l'arrivée de l'autobus scolaire. J'ai froid, très froid, mais je souris.

Plus de deux décennies se sont écoulées depuis mon aventure avec « Peintres Étudiants ». Après avoir travaillé puis étudié à l'université, j'ai fait mes leçons en marketing dans une des plus grosses boîtes de recherche marketing de l'époque pour ensuite suivre des cours de management dans une boîte en télécommunications. Une mauvaise nouvelle en amène une bonne : alors que mon département est avalé par le bureau-chef de Toronto et que l'on me remercie, je découvre une occasion d'affaires dans le monde inconnu du *packaging* alimentaire. Mon séjour en milieu corporatif étant complété, il est temps de reprendre mon chapeau d'entrepreneur : *Solpak* est donc lancée.

En dix ans, fort d'une résilience sans limites, j'ai réussi à mener mon entreprise à partir de rien jusqu'à une croissance soutenue qui dépassera, cette année, les trois millions de dollars de ventes. Reconnue dans ce domaine, en vertu d'une équipe talentueuse et dédiée, cette entreprise est le testament de mon parcours, mais aussi tributaire de ma première expérience entrepreneuriale si marquante.

Cette fierté publique est-elle partagée par ma mère aujourd'hui? Je l'ignore. Elle n'a pas répondu ni réécrit à mes multiples communications depuis plus de vingt ans.

Une chose est sûre : bien que le volant de mon nouveau bolide arbore quatre anneaux, ma Pony, mon refuge, gardera toujours une place spéciale dans mon cœur.

David Salerno

Vickie Hébert

Massothérapeute holistique
Cofondatrice de : Centre Harmonie Santé
www.centreharmoniesante.com
vickiehebert@centreharmoniesante.com

Vickie Hébert pratique la massothérapie avec passion depuis maintenant onze ans. Son désir de faire le bien à son prochain et l'amour qu'elle voue au genre humain l'ont fait débuter comme intervenante psychosociale auprès des adolescents au sein des Maisons des jeunes, puis dans le cadre de thérapies individuelles et de groupe auprès d'adolescents présentant des comportements violents.

En 2005, toujours portée par son amour des gens, mais désirant aider d'une façon différente, Vickie s'est laissée conduire, par son côté curieux, à une initiation au massage suédois. Elle s'éprend instantanément de cette approche aux mille et un bienfaits. Débute alors une belle aventure dans le domaine de la santé, du bien-être au naturel et de l'univers des médecines holistiques. C'est le coup de foudre! Elle prend le temps de parfaire son expérience auprès d'un employeur de sa région et de bien assimiler les conseils d'un mentor avisé (qui aura un impact significatif sur son parcours). En septembre 2014, Vickie se lance dans l'aventure entrepreneuriale, qui constituait pour elle un appel viscéral.

En janvier 2016, elle fonde un centre de soins holistiques, le *Centre Harmonie Santé*, situé à La Prairie, sur la Rive-Sud, secteur de Montréal, en compagnie d'une partenaire d'affaires.

Être entrepreneure représentait une vocation devant laquelle Vicky ne pouvait plus reculer. C'est sa façon de créer et de partager. L'écriture est également une impulsion qu'elle ressent depuis un certain temps. Sa participation à ce créatif littéraire se veut un petit clin d'œil que la vie lui fait afin de l'inciter à effectuer un premier pas dans cette direction.

Dans le domaine de la santé, Vickie se donne comme mission de promouvoir l'importance de prendre soin de soi et les moyens naturels et accessibles pour y parvenir. Elle prône aussi la nécessité de jouir d'une santé optimale pour ainsi mener une vie équilibrée et épanouie.

Dompter la Bête

Le premier ennemi à combattre
est à l'intérieur de soi.
Souvent c'est le seul.
— Victor Hugo

Je n'ai qu'un vague souvenir de cette journée-là, de ce moment précis où j'ai pris une des décisions les plus courageuses de mon existence : celle de me lancer dans la grande aventure de l'entrepreneuriat. Le souvenir que j'en garde est flou, en effet, car je ne me rappelle pas les détails du genre « quel mois c'était » ou « ce que j'étais en train de faire » pour que d'un seul coup, je décide que ça commençait sur-le-champ et non le lendemain. Il n'y a véritablement que dans mon cœur que le souvenir reste encore bien vivant.

D'abord, la période *avant* LA décision. Un sentiment omniprésent de tristesse, d'abattement et de honte m'envahissait, car j'avais peur. J'avais de la difficulté à me regarder en face. « Tu n'as donc pas de *guts,* ma belle? Tu en rêves depuis si longtemps déjà! Tu attends quoi? Tant d'autres l'ont fait avant toi, alors qu'est-ce qui te freine? »

Vous voulez vraiment que j'énumère ces craintes que je nourrissais?

En ce qui me concerne, me lancer en affaires constitue le moment charnière où j'ai osé affronter mon pire ennemi, c'est-à-dire MOI, mon ego et toutes ces peurs devant lesquelles je pliais l'échine depuis si longtemps et trop souvent. Cette peur de ne pas être à la hauteur, de ne pas me montrer assez ceci ou pas assez cela. Peur de ne pas *performer*, que l'on me voie dans ma vulnérabilité; cette peur d'être imparfaite comme la majorité des humains, tout simplement. Je craignais aussi de faire des erreurs, de perdre, d'échouer, de ne pas afficher de crédibilité ou d'avoir l'air d'une débutante. *So what?* Nous commençons tous quelque part, non? C'est donc avec courage que j'ai fait le ménage de mon bagage de croyances, de manques, de traumatismes et de limites que je traînais avec moi depuis toujours.

« C'est vrai que tu n'as pas le tempérament ni le courage qu'il faut pour faire le saut. Ni les reins assez solides. Pas plus que la discipline. Toi qui détestes les projets de longue haleine! Ce n'est pas un secret, tout cela te demanderait beaucoup trop de temps et d'énergie. Surtout, tu n'y connais strictement rien en affaires. Tu n'as pas grand-chose de ton côté, à vrai dire. Une entreprise sur combien franchit le cap des cinq ans d'existence, déjà? Vu ainsi, tu es mieux de ne pas bouger. Tu risques trop. »

« Je sais! » que je me réponds. « Je ne suis pas une fille pour les affaires. J'aime trop mon confort, la lenteur, avoir le temps de vivre. C'est trop de stress, de responsabilités, de temps et de troubles. »

J'y crois. Presque. Et ça me tue. Pourtant...

À l'intérieur de moi bouillonne ce sentiment si fort qui me dicte que c'est vraiment ce que je veux faire : créer ma place à moi. Définir ma pratique et donner ma couleur à un endroit. Être libre de mes horaires, gagner plus d'argent. Prendre des décisions qui ont du sens pour moi. Rien d'extravagant. Vraiment. Même si le travail à faire pour y parvenir me semble considérable, malgré la peur de ne plus avoir de vie et que mon couple souffre du temps et de l'énergie que j'investirai à bâtir mon rêve professionnel, malgré la peur de ne pas faire un sou et de me retrouver sur la paille, malgré tout ce qui me fait reculer depuis trop longtemps déjà, je n'en peux plus! Ce désir vit dans mes tripes. J'en ai mal en dedans. J'ai la conviction profonde qu'il s'agit du chemin que je dois prendre pour m'épanouir. Des convictions, je n'en ai pas eu des tonnes dans ma vie, il me semble! Sauf lorsque j'ai rencontré l'amoureux qui partage mon quotidien depuis onze ans déjà. Il serait peut-être temps, à mon âge, que j'arrête de faire comme si je n'entendais pas cet autre appel qui m'est encore une fois adressé... *joualvert!*

Les peurs peuvent paralyser nos actions intensément et longtemps. Malheureusement, beaucoup choisissent une « mort certaine » plutôt que de faire front.

Mais moi, je ne veux pas mourir. Noooon! Je ne veux pas mourir! Je ne veux pas m'éteindre. Je désire vivre, créer, aimer! Je veux entendre les appels qui parsèmeront ma route et je souhaite honorer celui-là en particulier et au nom de tous ceux pour lesquels j'ai fait la sourde d'oreille. Quitte à me faire violence. Quitte à avancer en tremblant. Quitte à tomber. Je me relèverai, je le jure. En fait, je crois bien que c'est tout de suite après cette réplique, dans le scénario de ma vie, que j'ai choisi de sauter dans le vide... Aïe! J'ai eu mal. Enfin, juste un peu...

Oui, je sais. Ça fait un brin mélodramatique, je l'avoue. Je suis une femme pleine de passion et d'émotivité, que voulez-vous! Ce qui pimente un peu les choses, parfois. Mais mes propos décrivent assez fidèlement la réalité que je vivais à cette époque.

Évidemment, à la suite du saut, il y a la période *après*. En fait, le terme *juste après* serait plus approprié, car le *après maintenant* diffère carrément d'il y a quatre ans, quand j'ai débuté mon aventure en tant qu'entrepreneure à temps partiel. Oui, oui, une chose à la fois, mes amis! Devenir entrepreneure ne signifiait pas pour autant tout foutre en l'air. C'est donc par prudence que j'ai commencé doucement. Un revenu assuré pendant la mise sur pied de mon projet, ce n'était pas une si mauvaise idée, à mes yeux. On peut jouer de façon sécuritaire, non?

Par contre, le fait de garder cet emploi comme massothérapeute dans un centre de la région me mettait des bâtons dans les roues pour la réalisation de mon ultime projet : ouvrir, avec une partenaire, un centre de santé holistique. D'abord, je ne l'avais pas encore trouvée, cette collègue idéale. Je demeurais par contre constamment à l'affût. Une partenaire d'affaires avec qui je serais au même diapason, qui partagerait ma vision à court et à long terme, et en qui j'aurais une parfaite confiance, j'estime que c'est un trésor difficile à dénicher. Mais à ce moment, ce n'était pas mon premier souci. Je devais plutôt m'assurer de ne pas concurrencer directement mon employeur dans mon offre de service; il m'était impossible de louer un petit local économique et d'y offrir les soins pour lesquels j'étais déjà rémunérée. Dans un premier temps, je me suis donc tournée vers le massage à domicile, en milieu de travail et dans les événements spéciaux. Comment pourrais-je bien vous dire ça...? Trimbaler mes choses pour offrir des services de massage ne m'enchantait guère. Pas du tout, même, je vous dis! Toutefois, vu les circonstances et mon si grand désir de passer à l'action, j'ai emprunté cette voie, que j'espérais de très courte durée, et m'y suis tout de même investie avec dévouement.

Même si choisir mon rêve de devenir entrepreneure me remplissait de bonheur et de légèreté (et de fierté, je l'avoue), le *juste après* s'est avéré une période quelque peu pénible pour la grande perfectionniste que j'étais. Si vous savez lire entre les lignes, ici, le terme *grande peureuse* serait plus adéquat. Mon ego, dont je vous ai parlé un peu plus haut, ne se faisait jamais prier pour me convaincre que j'avais bien raison d'avoir peur, et de ce fait, me faisait hésiter sur un tas de décisions à prendre. À cette époque, j'étais très exigeante et dure envers moi-même. Ouf! La peur de se tromper. Il m'est vraiment pénible de porter celle-là, car centrée sur mes peurs, je n'étais pas à l'écoute de mon instinct. Vous savez, cette petite voix intérieure qui sait, ELLE, à tout coup, la meilleure chose à faire dans notre intérêt? Mais il faut avoir l'oreille fine pour l'entendre, parfois, et surtout la suivre. Ce que j'ai développé il n'y a franchement pas très longtemps. Résultat? Je me suis trompée souvent en maudit! Je me revois lire et relire toutes sortes d'informations, parfois contradictoires, qui circulent dans le grand cyberespace que représente Internet pour savoir quel format légal d'entreprise serait le mieux pour moi. Mais quelle massothérapeute pense à ce genre de question quand elle veut simplement travailler à son compte? Une carte d'affaires? Bien sûr! Un logo? Peut-être... Un site Internet? C'est gagnant. Mais à quel prix? Par où commencer?

« C'est vraiment trop compliqué, en fin de compte, n'est-ce pas? Je te l'avais dit. Tu devrais te contenter de retourner là où tu étais avant tout ça et voguer sur ton petit confort... »

C'est alors que la voix de l'instinct a renchéri sur celle de mon ego pour me dire : « Non, non, non. Je te connais bien. N'essaie pas de te faufiler par la porte d'en arrière. Cette fois-ci, tu vas jusqu'au bout, ma belle. Sinon, tu sais que je devrai encore te ramasser à la petite cuillère dans une semaine à peine, car tu seras rongée par la honte d'avoir rebroussé chemin si rapidement! Alors, même si tu en arraches, tu ne lâches pas! Tu y arriveras, aie confiance! »

Ces petits brins de *jasette,* que j'ai encore aujourd'hui avec moi-même, sont essentiels à mon équilibre mental. De plus, ils me permettent de prendre du recul face à une situation et de l'envisager avec davantage de calme et de détachement. Mon esprit devient plus clair et moins craintif. S'agit-il de discussions entre mon côté lumineux et mon côté sombre? Mon cœur et mon esprit? Mon âme et mon ego? À ce moment-là, je l'ignorais, et à vrai dire, je m'en fichais pas mal. L'objectif ultime, c'était de réussir à ne pas flancher malgré mes angoisses, et Dieu sait que j'en ai eu!!

Aujourd'hui, je sais que nous obtenons bien des réponses seulement après être passée par là. Les erreurs, les égarements, les longs détours et les bons coups : tout ça fait partie du voyage. À vrai dire, c'est parfait comme ça. C'est le propre de l'être humain d'apprendre en tombant et en se relevant. J'ai donc cultivé l'indulgence et la bienveillance envers moi-même. Ce concept n'est pas encore parfaitement au point, mais j'y travaille chaque jour. Je reconnais que je fais de mon mieux à chaque instant. Qu'il y a toujours pire et que j'essaierai de m'améliorer la prochaine fois. Ce n'est pas un peu ça, la résilience?

Vous devez savoir que dans la vie, j'ai plutôt confiance en moi; je jouis d'une belle estime personnelle. Je ne dramatise pas les situations problématiques, car je vois toujours leur côté positif et les solutions qui s'y rattachent. Je ne m'étais jamais posé de questions sur mes compétences jusqu'à ce fameux jour où je me suis affublée du rôle de travailleuse autonome. Comme si j'avais actionné – ou refermé, c'est selon – une *switch* dans ma tête, brouillant ainsi la perception que j'avais de moi-même quant à ma valeur en tant que professionnelle. Comment la réalisation d'un rêve peut-elle devenir aussi un lot de souffrances? Pénible réalité. Heureusement, je n'ai jamais été habitée par la peur de faire un face-à-face avec moi-même. Aujourd'hui, j'ai la conviction qu'il s'agit pour moi d'un passage obligé. Je le dis au temps présent, car j'ai encore les deux pieds bien dedans!

Dans la grande aventure de l'entrepreneuriat, je suis également partie à la rencontre de qui je suis réellement et profondément. J'oserais même pousser l'audace jusqu'à affirmer que j'apprends à aimer toutes les parcelles de mon être et à me traiter avec douceur. Ça aussi, c'est une attitude qui reste à peaufiner, mais elle progresse. Certains jours, c'est le grand bonheur; d'autres peuvent revêtir des airs de désespoir. Des confrontations intérieures, récurrentes, mais de moins en moins fréquentes, par chance, se vivent dans les profondeurs de mon Être. C'en est parfois essoufflant. Mais je crois que l'optimiste que je suis, d'où je tiens ma facilité à voir le verre à moitié plein, m'a permis de développer la résilience nécessaire pour passer au travers de tout avec plus d'aisance que certains.

Toujours est-il qu'au cours de l'aventure, je me suis bien rendu compte que lorsque nous vibrons d'une certaine manière, nous attirons à nous les gens et les événements qui vibrent à la même fréquence que nos émotions et nos pensées. Il s'est donc passé quoi? Rien de très excitant lors de mes premiers pas d'entrepreneure. Mes efforts pour trouver des clients ne donnaient pas grand-chose. En vérité, je crois qu'au fond de moi, tout cela faisait bien mon affaire, et ce, malgré l'argent dépensé en création de logo, de carte d'affaires, de dépliants, de site Web et d'affiches. Je souhaitais intérieurement qu'aucune occasion ne se présente. En gros, c'est ce qui s'est passé, car des contrats, il y en a eu très peu.

Ce que je désirais vraiment, c'était MA PLACE À MOI. Un local commercial bien situé avec assez d'espace pour recevoir ma clientèle et… travailler conjointement avec une partenaire d'affaires. Oui, je désirais une partenaire d'affaires. J'insiste sur ce point. Bien que confortable dans la solitude, je ne rayonne à mon plein potentiel qu'en travaillant en équipe. J'aime le partage et l'effusion d'idées que l'association apporte, ainsi que la multiplication des possibilités. Le vivre à deux permet d'alléger les échecs et d'amplifier les succès. C'est un beau voyage à effectuer main dans la main. Je suis un brin romantique! Très honnêtement, j'aimais l'idée du partage des tâches et des coûts, qui sont quand même importants.

Cette partenaire a pointé le bout de son nez six mois après mes débuts discrets. Je l'ai connue au hasard de la vie, qui fait souvent bien les choses quand on y pense avec détachement. C'est donc dans une Caisse populaire, où nous travaillions toutes deux à temps plein en pratiquant chacune à temps partiel ce qui sont maintenant nos principales occupations, que nos chemins se sont croisés. Elle est de Montréal, moi de la Rive-Sud. Très différentes, à première vue, autant sur le plan physique que sur celui de la personnalité, nous avons fraternisé et tissé des liens au fil du temps. Voyant donc en elle la partenaire que j'attendais depuis longtemps, je lui ai fait miroiter les nombreux avantages qu'il y aurait à unir nos forces pour la convaincre de déménager ses pénates dans mon coin de pays. Nous nous étions déjà avoué mutuellement cette certitude que nous allions fusionner à un certain moment, sans savoir où, quand, ni comment. Finalement, ce qui devait arriver arriva. Un beau matin, il y a maintenant trois ans, elle m'a simplement dit : « Vick, je suis prête à bouger. Qu'as-tu à me proposer? » Six mois plus tard, je laissais mon emploi sécuritaire et le *Centre Harmonie Santé* de La Prairie voyait le jour.

Pendant ces six mois, je flottais littéralement à bâtir ENFIN mon rêve! J'ai mis le temps, l'énergie et l'argent nécessaires à préparer cette entreprise jour après jour, sans rechigner. Sans jamais regretter. Rien ne pouvait m'arrêter. Je me sentais complètement orientée vers mon chemin de vie. Je me sentais exactement là où je devais être, avec la personne qui devait se trouver à mes côtés. Quand nous sommes sur notre X, comme on le dit si bien, nous nous sentons tellement confiants et forts. Ça nous remplit, tout simplement. Par ailleurs, il est primordial de bien savourer cet instant, car le X peut s'effacer parfois assez vite merci!

Nos débuts au *Centre Harmonie Santé* ont d'abord été marqués par une impossibilité de recevoir les clients que nous avions déjà à l'agenda. Le chauffage, dans nos locaux, était disons... inexistant! Nous étions en plein mois de janvier! Un interrupteur de lumière desservait trois locaux à la fois. Le four à micro-ondes sautait sans arrêt par manque de prises de courant et de voltage dans le panneau électrique. Le genre de détail que tu ne vérifies pas quand tu loues un local commercial pour la première fois. Pire, le propriétaire tardait à remédier à la situation. Je devais appeler pour vérifier constamment auprès des fournisseurs de services quant à leurs disponibilités à effectuer les travaux, et ce, sans pour autant être la main qui les payait. Pénibles moments. C'est aussi au cours des premiers mois, voire la première année, que les différences entre ma partenaire et moi ont créé toutes les petites frictions qui devaient avoir lieu un jour ou l'autre, j'imagine : nos rythmes différents, nos croyances, nos choix de projets, notre expérience en tant qu'entrepreneures, nos tempéraments... Un vrai couple après sa lune de miel!

Mais jamais je n'ai douté de mon choix à son endroit. Aussi, mon association s'est révélée une conviction profonde. Jamais je n'ai remis en doute ma décision de devenir entrepreneure. En outre, depuis le jour un, je n'ai jamais regretté. Quand les difficultés fusent et que les regrets ne sont pas au rendez-vous, j'imagine que c'est signe que nous sommes quand même à la bonne place! Malgré les montagnes russes et les nombreux apprentissages sur le terrain, ça restera l'un des plus beaux sauts dans le vide que j'ai effectués. Aujourd'hui, il remplit de fierté la femme que je suis. Oui, j'en ai fait du chemin, et depuis peu, de nouveaux changements s'opèrent en moi.

Ça me fait drôle de vous raconter tout cela, car la proposition d'écrire est arrivée tellement à point dans ma vie. Je crois énormément aux principes de la synchronicité, à la loi de l'attraction, à la part de divin qui sommeille en chacun de nous et qui nous permet, grâce à nos pensées et à nos émotions, de matérialiser exactement tout ce que l'on veut. J'ai appris énormément sur ce sujet depuis que ma partenaire et moi avons ouvert notre centre, et j'ai beaucoup expérimenté aussi. Quand nous sommes alertes, les signes que l'Univers nous envoie pour nous montrer la voie à prendre sont tellement évidents. Me raconter par écrit est en soi un saut de plus que j'ai choisi de faire, car le désir d'écrire résonnait fort en moi. C'est en écrivant ce récit que j'ai pris conscience que devenir entrepreneure faisait partie de mon chemin de vie. De l'évolution de mon Être et plus précisément de mon Âme. Purement et simplement. Ma spiritualité s'est beaucoup développée; je vis davantage en pleine conscience du merveilleux des rencontres, de la synchronicité des situations qui ponctuent ma route et des signes qui me sont envoyés pour m'amener toujours plus près de *Moi.* Il m'est plus facile de faire des choix pour être liée et en cohérence avec ce qui vibre au fond de moi. J'avance maintenant presque sans peur tellement ma confiance en l'Univers et ce qu'il met sur ma route est grande. Si craintes il y a, elles n'ont plus autant d'impact sur moi. Elles ne me contrôlent plus, car je les reconnais, les mets de côté pour choisir consciemment d'accepter ce qui se trouve sur ma route et faire confiance. Ce qui s'offre à moi a sa raison d'être.

J'ai récemment pris des décisions en lien avec le fait que je n'ai plus envie de faire les choses selon les « dix actions essentielles pour bien réussir en affaires ». J'admets être lasse de faire des trucs qui ne me parlent plus, de prendre part à une parade qui ne me ressemble pas, et ce, même si elle suit la mode ou qu'elle a fait ses preuves, car je comprends maintenant qu'il n'existe pas qu'un seul et unique plan. Chacun de nos plans tient la route, pourvu qu'il soit à notre image et calqué sur nos besoins et nos désirs véritables. Les actions sensées d'hier ne le sont peut-être plus aujourd'hui, et c'est parfait ainsi.

Aujourd'hui, je peux affirmer avec assurance que je suis très fière de moi et de tout ce chemin parcouru. Rapidement, l'entrepreneuriat aura ouvert la voie à bon nombre d'apprentissages et je sais que c'est loin d'être terminé ! Grâce à cela, ma partenaire d'affaires et moi avons développé une relation de confiance. Toutes deux avons l'occasion de côtoyer beaucoup d'entrepreneurs aux visions et aux philosophies différentes. Tout cela accompagné de grandes tempêtes et d'ajustements à travers lesquels mon couple a dû passer. Beaucoup trop de mouvement par moment, mais oh combien de satisfaction lorsque je regarde derrière pour contempler le tableau. J'aurai entre autres appris à me reconnaître, à accepter et aimer les différentes facettes de ma personnalité. J'aurai appris à pardonner mes faux pas en faisant preuve de plus de bienveillance envers moi-même. Reconnaitre que, au final, c'est en trébuchant que l'on apprend à se relever et à faire mieux. Maintenant, je donne davantage de place à mes besoins et me donne le droit d'y répondre même s'ils sont différents de ceux des autres. Je m'affirme davantage. Chaque jour je choisis de respecter mon propre rythme non de le calquer sur celui de la société qui est assurément trop rapide pour moi !

Dire que j'ai mis des années à hésiter avant de passer à l'action.

Maintenant je sais que tout arrive toujours au bon moment et que ce « tout » a constamment sa raison d'être même lorsque les choses se présentent sous des allures d'adversité. C'est ça la magie de la vie !

Vickie Hébert

Josée Gascon

Hypnologue, Thérapeute en Relations
Humaines et Maître Reiki
Cofondatrice de : Centre Harmonie Santé
www.centreharmoniesante.com
joseegascon@centreharmoniesante.com

Cadette de trois enfants, Josée Gascon naît à Montréal d'une famille plutôt conventionnelle.

En 1997, elle entame des études en ressources humaines au cégep, puis poursuit en comptabilité de management à l'Université du Québec tout en travaillant comme commis aux comptes payables.

La vie ayant d'autres projets pour elle, Josée se réoriente à l'automne 2002 vers un domaine tout à fait différent, celui de la relation d'aide, où elle passe trois années à se découvrir et à perfectionner ses techniques et ses aptitudes à accompagner les gens vers leur autonomie affective.

Diplômée du Centre de Formation Professionnelle en Relations Humaines en 2005, Josée débute sa pratique privée par la relation d'aide dans le cadre de thérapies.

Au fil des années, elle intègre de nouvelles techniques et approches, comme les soins énergétiques et l'hypnothérapie, qui lui permettent d'accompagner ses clients dans la globalité de leur évolution en tenant compte de tous les aspects de leur être.

Son amour et sa passion, autant pour l'être humain que pour l'évolution de l'âme, ont mené Josée à créer un espace où chaque personne peut se déposer à son propre rythme dans le calme, la paix, tout en étant écoutée et accompagnée.

Pour répondre à l'appel de sa véritable essence, soit celle d'éveiller la conscience de l'être humain pour qu'il évolue et grandisse vers son plein potentiel illimité, Josée intègre à sa vaste gamme de services de la formation en soins énergétiques et des ateliers d'éveil de la conscience.

Aujourd'hui, cette cofondatrice du *Centre Harmonie Santé*, situé à La Prairie, permet, par ses multiples approches, l'harmonisation du corps, du cœur et de l'esprit pour une expérience unique de bien-être vers la liberté d'être.

Mon chemin vers la meilleure version de moi-même

La vie, ce n'est pas d'attendre que l'orage passe.
C'est d'apprendre à danser sous la pluie.
— Sénèque

4 juin 2018, je pleure de joie.

Je viens d'accepter de participer à un beau projet. Même si c'est à l'extérieur de mon domaine d'expertise, je sens tout de même qu'il s'ancre parfaitement dans mon cheminement, car le partage fait partie intégrante de mes valeurs d'entrepreneure. En outre, ce qui m'émeut le plus, c'est que je le fais en collaboration avec Vickie Hébert, ma collègue et complice avec qui j'ai fondé le *Centre Harmonie Santé,* à La Prairie. Ceci ajoute à l'excitation de ce nouveau défi.

J'ai l'impression que la vie est en train de me dire « Tu vois, tous ces obstacles qui se sont dressés devant toi servaient justement à te préparer à cette création. Ainsi, tu contribueras à ce que les gens puissent toucher à l'étincelle, à cette magie en eux. Grâce à toi, ils sauront que malgré les nuages gris, le soleil brille sans cesse dans le ciel. »

Mais, revenons un peu en arrière...

19 juin 1990, je pleure de tristesse.

Pourtant, cette journée s'annonçait belle, puisque c'est mon anniversaire de naissance. J'ai vingt ans. Mais je viens d'apprendre que mes parents se séparent. Toute la famille est submergée par la tristesse.

À cette époque, j'habitais encore chez mes parents et ils représentaient, ensemble, une partie importante de ma vie. Par conséquent, les voir se séparer me déstabilisais.

Premier coup dur que la vie mettait sur mon chemin. Certes, à cet âge, mes parents n'étaient plus essentiels à mon bien-être, mais j'avais quand même besoin d'eux comme guides et soutiens pour entrer dans la vie d'adulte qui s'ouvrait à moi.

Je me sentais isolée; la famille se fragmentait, se brisait, et mes piliers s'effondraient.

À ce moment, j'ignorais que cette épreuve s'avérerait pour moi salutaire en me permettant de rebâtir sur des bases plus représentatives de ma couleur, de ma véritable essence, et en m'indiquant le chemin qui mène à l'être d'exception que je suis.

Dès cet instant, le détachement et l'autonomie sont entrés dans ma vie. Un détachement des racines familiales et l'autonomie nécessaire pour établir mes propres choix sans être influencée par le conditionnement et les croyances de mes parents.

À cette époque de ma vie, j'étais déjà entrepreneure dans l'âme. Chaque week-end, je prenais l'autobus avec mon gros sac, transportant tout mon matériel de cosmétique et, pleine de détermination, j'allais faire des « démonstrations ».

Eh oui! Tout en étudiant à l'université en comptabilité de management, je possédais l'énergie et la volonté de l'entrepreneuriat.

Il est important que vous sachiez que je viens d'une famille plutôt conventionnelle. Mon père et mes deux frères occupaient fièrement des postes de fonctionnaires, alors que ma mère s'occupait de la maisonnée. Imaginez à quel point je pouvais ressortir du lot! Du moins, c'est ce que je percevais. Je me sentais différente. Ce qui me préparait assurément à ma future mission de vie.

Quelque chose en moi me poussait à explorer d'autres avenues comme sources de revenus. J'étais curieuse, mais aussi plutôt insatisfaite. Or, ces traits de personnalité m'ont amenée à essayer plusieurs emplois.

On me considérait alors « instable », car je changeais constamment d'occupation. Aujourd'hui seulement, je réalise que je me lançais à la recherche de quelque chose que je ne trouvais pas, dont je n'avais pas conscience et qui se nichait en moi. Ce quelque chose, c'est un potentiel extraordinaire qui m'amène à éveiller la conscience des gens, à leur permettre de trouver, eux aussi, leur propre chemin, celui qui mène au cœur.

Ma quête m'a permis de visiter plusieurs options. De représentante en cosmétiques à domicile, je suis devenue gérante de boutique, caissière dans une Caisse populaire, conseillère en sécurité financière... et j'en passe.

Ouf! À cette époque, j'avais l'impression de vivre constamment en montagnes russes : des hauts, des bas, des déceptions amoureuses et d'autres professionnelles. Je me sentais perdue, recherchant la reconnaissance de mon entourage pour valider que j'avais réussi ma vie. En fait, rien de tout cela n'avait de sens et je n'en étais pas encore consciente.

Un jour, je me suis révoltée. Un feu grondait à l'intérieur de moi. J'ai quitté l'université et, du haut de mes cinq pieds quatre pouces et demi, j'ai postulé pour un poste de barmaid. J'avais à ce moment 26 ans.

Ç'a été la plus belle expérience de ma vie! Malgré les jugements de mon entourage, que j'entendais ici et là, et de ma mère, qui avait honte que sa fille soit barmaid, cette aventure m'a enfin permis de faire exploser mon charisme, ma joie de vivre, mon originalité, mon excentricité. Tout concordait pour que le bonheur soit au rendez-vous.

Je n'avais nullement l'impression de travailler, mais bien de m'amuser, et en plus, je gagnais beaucoup d'argent! C'était la joie! Je faisais du bien aux gens par mon écoute, mon entregent et mon non-jugement de l'être humain. Une expérience assombrie malheureusement – ou peut-être devrais-je dire heureusement – par une grossesse ectopique à l'âge de 28 ans.

Quoi? Moi, à 28 ans, enceinte sans le savoir, sans fréquenter vraiment de copain stable? Quelle honte!

Après l'opération d'urgence et l'ablation d'une trompe, je me suis retrouvée en convalescence pendant un mois.

Résultat? J'ai perdu mon emploi. Dans le domaine des bars, très peu peuvent se permettre une convalescence aussi longue.

Retour à la case chaos. Quand j'y repense, la vie m'enseignait à me pardonner et m'invitait à démontrer de la compassion à mon égard. C'est exactement la leçon qui se cachait sous cette expérience qui, à mes yeux, me paraissait tellement dramatique et honteuse!

Ainsi, je devais me pardonner de ne pas m'être protégée durant une relation intime, me pardonner de faire subir à mon corps cette souffrance, me pardonner pour mieux m'aimer.

Revenue de ma convalescence, j'ai repris le chemin des offres d'emploi pour dénicher un autre poste de barmaid. En deux temps, trois mouvements, j'étais engagée de nouveau. Bonne nouvelle en vue : cet emploi, je l'ai gardé pendant six ans. J'y ai même rencontré mon conjoint de l'époque, une relation qui a duré sept ans. J'avais l'impression que ma vie se stabilisait, avait un sens.

Un jour, dans la salle d'attente d'un acupuncteur, alors que j'accompagnais gentiment ma mère qui y recevait un traitement, je feuilletais un magazine dont une des grandes pages affichait : « Si le métier de thérapeute vous intéresse ».

Le lendemain, j'ai téléphoné à l'école en question et obtenu une entrevue téléphonique sur-le-champ. Un mois plus tard, je commençais cette extraordinaire aventure, celle qui a ouvert le chemin menant à ma réelle destinée. Tout de suite, j'ai commencé à étudier comme thérapeute spécialisée en relations humaines, communément appelée thérapeute en relation d'aide.

Pendant trois ans, j'ai travaillé de façon intensive sur moi. Certains moments ont été douloureux, difficiles, et d'autres lumineux, libérateurs. Au cours de ces trois années, j'ai appris non seulement à m'écouter, mais aussi à soigner mes blessures de l'enfance, à me faire tendresse et amour à moi-même.

C'est durant cette période que j'ai enfin perçu l'extraordinaire personne que j'étais.

Pendant ce cheminement, j'ai aussi appris, au-delà des cours, à prioriser mon emploi du temps et malheureusement, à délaisser mon environnement social. Entre les week-ends de formation, les travaux pratiques et les séances de thérapie, ouf!, il ne restait plus beaucoup d'espace dans mon agenda.

Je dois remercier particulièrement mon conjoint de l'époque, qui a su m'épauler dans mes moments de découragement. Il savait me donner un regain de vie afin que je poursuive cette aventure qui s'est montrée périlleuse à quelques reprises.

Juin 2005. Après trois longues, mais ô combien enrichissantes années, j'ai couronné mon exploit en graduant comme thérapeute spécialisée en relations humaines. YES! Ma carrière décollait enfin! J'avais le vent dans les voiles.

Ce travail me passionnait. Je devenais travailleuse autonome avec ma petite *business.* D'ailleurs, j'avais déjà zyeuté un local pour m'établir. Pour moi, c'était le paradis!

En congé pour le reste de l'été, j'ai repris le temps perdu avec mon amoureux, mes amis, ma famille. Ça s'imposait!

Dès les premières lueurs de septembre, je me sentais excitée à la veille de préparer ma publicité, mes cartes d'affaires et mon site Web, et à l'idée d'entendre le téléphone, qui ne dérougirait plus pour la prise de rendez-vous.

Quelques semaines plus tard, j'attendais toujours le premier de ces précieux coups de fil. À la fin octobre, le téléphone s'est mis à sonner. Youpi! Mon premier client, puis un deuxième et un troisième...

Je dois spécifier que juste avant de terminer ma formation comme thérapeute, j'ai suivi un cours en hypnothérapie pour compléter mon offre de services. À cette période apparaissait la loi sur le tabagisme. Alors, comme tout le monde voulait arrêter de fumer et que certains convoitaient l'hypnothérapie comme méthode pour y arriver, mon enthousiasme s'est prolongé jusqu'en décembre.

Au début janvier, le téléphone ne sonnait déjà plus! Heureusement, mon conjoint et moi avions convenu d'une entente : je ne payais que mes choses personnelles, ne recevant que trois ou quatre clients par semaine.

Mais j'étais persévérante; certains diront acharnée. Je continuais de croire qu'il s'agissait de la carrière de ma vie!

À l'aube de l'été 2006, l'évidence m'a frappée : je ne pouvais plus continuer de cette façon. Pour combler les fins de mois, je devais dénicher un emploi à temps partiel. Je me suis donc retrouvée à nouveau derrière un bar. Mais le cœur n'y était plus; je ne me sentais plus à ma place à servir de la bière.

Vous savez, quand la vie souhaite nous enseigner des leçons, elle déploie beaucoup d'imagination et s'y prend de bien des façons.

Soudain, les situations problématiques ou conflictuelles se sont multipliées. Je quittais l'un après l'autre mes emplois et pour diverses raisons : pas assez payant, pas assez d'heures offertes, ne me convenait plus, etc. Rien ne semblait aller.

Mon couple souffrait de ce contexte et moi aussi, au plus profond de mon cœur. À nouveau, je regagnais la case chaos.

Aujourd'hui, je comprends que cette étape se voulait inévitable… et nécessaire.

En 2009, autour du 15 mai, j'en étais à quatre ou cinq clients par semaine. À la même date, mon conjoint m'annonçait que notre relation prenait fin. Dévastée, j'avais l'impression d'être sur le bord d'un précipice et de sentir le sol s'écrouler sous mes pieds.

Je perdais celui que je croyais être mon pilier, ma sécurité. Bien sûr, j'avais tout faux, car le chemin suivant m'a amenée à trouver en moi ces deux atouts indispensables. Je remercie mon conjoint de l'époque de m'avoir offert ce beau cadeau. Encore aujourd'hui, il n'en est peut-être même pas conscient.

Je disposais d'un mois pour me retrousser les manches et trouver un emploi convenable afin de payer mon logement et de répondre à mes besoins. Le plus logique, à mes yeux, consistait à retourner, à temps partiel, dans un domaine facile et accessible. J'ai donc repris le chemin des caisses populaires, où j'étais surqualifiée, mais avec la conviction profonde qu'un poste de caissière m'y attendait. C'est aussi à cette croisée des chemins que j'ai fait la précieuse rencontre de Vickie, qui jouerait un rôle important dans ma vie d'entrepreneure quelques années plus tard. Comme quoi le « Grand Plan » de la vie nous dirige toujours

150

vers le meilleur endroit pour nous, là où nous devons être pour concrétiser notre chemin de vie.

À cette époque, la vie m'offrait l'occasion d'apprendre à accepter tout ce qui est et de reprendre les rênes de ma destinée.

Entre le deuil de ma relation et l'organisation de ma nouvelle réalité, j'étais perdue! Ma vie n'avait plus de sens. Certaines semaines, il me restait à peine dix dollars pour subsister. Je me rappelle, à cette époque, je mangeais chez ma mère, qui me préparait des plats pour le reste de la semaine.

Je louais toujours mon bureau de thérapeute à raison de 400 dollars par mois. Pourquoi je continuais à louer mon bureau, me demanderez-vous? Parce que c'était la seule et unique chose qui donnait un sens à ma vie, qui faisait vibrer mon cœur.

D'ailleurs, une leçon se cachait aussi derrière cette pénible épreuve : choisir de créer ma vie à partir des vibrations de mon cœur pour respecter qui je suis véritablement.

Ah oui, une autre chose faisait vibrer mon cœur : ma volière d'oiseaux. J'ai toujours eu entre dix et quatorze perruches chez moi. Quand l'une d'elles meurt, j'achète une nouvelle amie pour le reste du groupe. Elles m'ont apporté une présence et m'ont fait découvrir la joie du cœur, l'émerveillement, la beauté, l'observation, le rire. Vous devinerez que j'ai toujours mes perruches à l'heure où j'écris ces lignes.

Mais les vibrations de mon cœur ne suffisaient pas à payer mon loyer, mon auto et les comptes. Conséquemment, en 2010, j'ai déclaré faillite. Pour beaucoup, il s'agissait d'un échec. Quant à moi, j'avais l'impression de reléguer mon passé derrière et de m'offrir la chance de recommencer sur des bases plus solides. Moi qui avais travaillé si longtemps dans le domaine financier, la vie me suggérait de me réconcilier avec l'argent.

En janvier 2011, je quittais la caisse pour devenir adjointe administrative à temps partiel pour une conseillère en sécurité financière, un emploi que j'avais déjà occupé. Exactement ce dont j'avais besoin pour prendre mon envol! J'étais rémunérée davantage et mon horaire, flexible, me donnait amplement le temps de développer mon entreprise de consultation en relation d'aide et d'hypnothérapie.

Toutefois, quelques mois plus tard, une autre brique me tombait sur la tête! (c'était prévisible; rappelez-vous, j'étais en réconciliation avec l'argent.)

La conseillère me remerciait de mes services, faute de pouvoir me payer puisqu'elle prenait un congé sans solde pour épuisement professionnel.

Je me trouvais donc, encore une fois, sans emploi et avec cinq, peut-être six clients en consultation.

C'est alors que par désespoir ultime, une force a montré le bout de son nez en criant de plus en plus fort : « Il est temps, ma chère Josée, de te lancer dans le vide et de faire de ta passion une priorité! » Eh bien, je l'ai fait!

Parfois, je me demande encore comment j'ai réussi, mais je crois que c'est à ce moment que la foi est entrée dans ma vie. La foi, c'est simplement croire que nous posons le bon geste, le seul alors envisageable, et dans un processus de lâcher-prise, avoir confiance que le résultat sera le meilleur pour soi.

J'ai donc pris ma décision et fait ma profession de foi.

Un lundi matin du mois de septembre 2011, je me suis réveillée... et j'avais tout mon temps.

Une page blanche s'ouvrait devant moi, sur laquelle je pouvais écrire tous les scénarios possibles que je voulais vivre dans ma vie professionnelle et personnelle.

La peur me tenaillait le ventre, mais la conviction d'avoir posé le geste juste prenait le dessus. Quelque chose d'important se produisait. Je ne pouvais dire quoi, mais je savais que la « survie » de ma vie s'achevait.

Pourtant, une partie de moi me disait « T'es folle! Tu n'as plus de salaire, tu es seule, tu viens de te *taper* une faillite. Tu n'as pas assez de clients pour vivre, qu'est-ce que tu fais là? »

Encore une fois, je sentais le vide sous mes pieds, mais mes ailes m'entraînaient vers le haut.

Je pouvais commencer à vivre ma vie, LA MIENNE!

Dans les mois qui ont suivi, parce que j'ai fait confiance, plusieurs chemins se sont ouverts à moi.

Je suis retournée à l'école de formation où j'avais étudié comme thérapeute pour devenir, cette fois, thérapeute formatrice pour les étudiants. Peu après, j'affichais mes services dans un centre de santé. Une entreprise d'achats groupés m'a ensuite proposé de publier des promotions sur son site Web. Cette publicité a entraîné un achalandage considérable.

J'avais l'impression que tout s'offrait à moi, que mon chemin devenait plus clair. J'apprenais à reconnaître les occasions non plus avec ma tête, mais avec mon cœur, et à choisir ce qui me ressemble plutôt que d'opter pour le standard de la société.

Comme le disait si bien Nelson Mandela : « Quand nous perdons le droit d'être différent, nous perdons également le droit d'être libre. » C'est dire à quel point choisir avec son cœur amène son lot de défis. La liberté a toujours été au centre de ma vie, et cette liberté, je la recherchais également dans ma façon unique d'exprimer ma pratique professionnelle.

Depuis mon saut, effectué en 2011, dans ma pratique comme thérapeute œuvrant à temps plein, j'ai développé énormément ma spiritualité et ma médiumnité, qui s'expriment à travers les soins énergétiques que je donne. Évidemment, dans le domaine des affaires, tout comme aux yeux de plusieurs personnes dans la société, le ressenti, la clairvoyance, le cœur et l'abstrait ne font pas l'unanimité, ne sont pas considérés comme des vedettes.

Sans être une épreuve, cette particularité dans ma pratique s'est avérée un défi et l'est toujours aujourd'hui, car la différence et l'inconnu font souvent peur.

Pour y arriver, il a fallu que je développe mon lâcher-prise et l'acceptation totale de ma couleur ainsi que du chemin que je voulais emprunter dans ma pratique.

Je me suis souvent sentie seule dans mon monde, et cette solitude s'est transformée en une conviction que seul mon cœur peut me dicter la voie à suivre.

Je me suis solidifiée dans la certitude de ce que je voulais et de ce qui était bon pour moi. Même si je ne cadre pas toujours avec le monde des affaires, ma résilience m'a enseigné à sortir des sentiers battus et à marcher la tête bien haute. En outre, ma résilience m'a montré le chemin de mon âme. Quand je foule cette route, à l'intérieur de moi se dessinent un équilibre, une certitude, une foi, une paix de l'esprit et une joie profonde. J'ai choisi la liberté de mon individualité, car c'est le seul chemin possible pour moi.

C'est à ce moment que je sens avoir atteint la meilleure version de moi-même, et je sais que le processus de mon évolution est constamment en changement, alors ce n'est pas une destination, mais un voyage sans fin.

Aujourd'hui, ma carrière d'entrepreneure m'offre encore de grands défis, mais j'ai trouvé en moi, au cours de mon évolution, mon pouvoir intérieur, qui m'offre la chance de danser avec la vie. J'ai compris que peu importe l'obstacle qui se dresse devant moi, ma résilience me servira toujours de moteur pour transcender cette épreuve.

Au moment de mettre ces mots sur papier, je suis cofondatrice du *Centre Harmonie Santé,* situé à La Prairie, avec ma collègue Vickie Hébert. Nous avons créé un endroit de reconnexion à soi, où chacune assure une pratique privée. Ensemble, nous alimentons des projets qui nous permettent l'une et l'autre d'évoluer comme des entrepreneures, mais aussi comme des êtres humains. Nous portons toutes deux la même passion pour le bien-être de l'humain, mais en chacune de nous réside une façon unique de l'exprimer qui, à certains moments, nous amène à nous confronter dans nos différences. Ce ne sont pas tant nos différences qui sont importantes, mais ce que nous faisons avec celles-ci qui nous amène à dépasser certains obstacles qui se mettent au travers de notre chemin.

À la conscience de cette force de vie que l'on appelle la résilience, que j'ai découverte en moi, se sont greffés des leçons de vie et des outils nécessaires pour poursuivre mon parcours d'être humain et d'entrepreneure en évolution.

Aujourd'hui, le 19 juin 2018

Mon cœur vibre d'amour pour ma vie, LA MIENNE, celle que j'ai réussi à bâtir telle une chrysalide qui se transforme en merveilleux papillon. Ivre de bonheur et d'espace, je peux me réinventer continuellement et naître à moi-même dans mon unique façon d'ÊTRE dans ce monde.

Voici mon chemin de lumière, là où la résilience s'est dressée au cœur de mes défis, elle qui sera probablement encore au cœur de mes prochaines leçons de vie.

D'ailleurs, au moment où j'écris ce chapitre, nous constatons une dégradation considérable de la maladie d'Alzheimer de ma mère. Résilience, où sauras-tu me faire rebondir pour continuer à cheminer vers la meilleure version de moi-même?

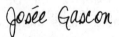

Christine Marcotte

Présidente et fondatrice du Réseau mères
en affaires
www.reseaumeresaffaires.com
reseaumeresaffaires.com

Christine Marcotte, présidente fondatrice du Réseau des Mères en Affaires, a fondé son entreprise en octobre 2014, car elle n'arrivait pas à se retrouver dans les activités de réseautage offertes à ce moment.

À la recherche de personnes en accord avec ses valeurs, elle a jumelé sa passion de l'être humain et ses talents d'organisatrice d'événements pour créer le RMA : du réseautage humain, chaleureux, où l'individu importe plus que le chiffre d'affaires, où l'on n'a pas besoin de porter un masque et où l'on peut être authentique!

Cette maman de quatre enfants a bien vite compris que pour tisser des liens d'affaires solides et efficaces en réseautage, il fallait d'abord connaître l'être humain avant l'entreprise, car aujourd'hui, les clients achètent la personne et non le produit ou le service qu'elle offre. Originaire de la Mauricie, Christine rêvait de faire de la télé. Elle a donc obtenu son DEC en Art et technologie des médias au Cégep de Jonquière.

Riche de son expérience en communication, elle utilise maintenant sa formation à l'aide de capsules *YouTube* pour faire découvrir les mères qui évoluent dans le milieu des affaires au Québec et ainsi leur permettre une superbe visibilité!

Conférencière, Christine propose des trucs et d'astuces sur la conciliation travail-famille et a pour mission de briser l'isolement des mamans entrepreneures avec ses activités mensuelles dans vingt régions du Québec!

Se reconstruire dans l'adversité

Pour chaque fin il y a toujours
un nouveau départ.
— Antoine de Saint-Exupéry

Se reconstruire dans l'adversité, je connais. Malgré moi. Je ne me suis jamais considérée comme « plus forte » que la normale. Pourtant, cette étiquette se greffe à moi depuis 2012. En écrivant ces lignes, je prends conscience qu'en effet, depuis mon enfance, je suis résiliente. Pour diverses raisons et selon différents facteurs. MAIS... j'ai pris conscience de ma véritable résilience en affaires le jour où mon père, marié à ma mère pendant trente-cinq ans, l'a regardée expirer son dernier souffle. Il lui a murmuré, en l'embrassant sur le front et en lui fermant les paupières : « Merci pour tout, xxx ».

À l'aube de mes 33 ans, avec trois enfants, des garçons âgés de 9 ans, 6 ans et 18 mois, j'ai accompagné ma mère vers la mort. Originaires de Sainte-Thècle en Mauricie, mes parents demeuraient toujours dans ce coin de pays. Leur plan de vie, ils l'ont réalisé en vivant dans leur chalet, qui est devenu leur résidence principale, dans le bois, là où Internet n'existait pas, au bord du lac des Castors. J'ai vu, de mes yeux d'adolescente, mon père et ma mère construire leur rêve en défrichant ce bout de terrain, puis en y installant, au fil du temps, ce qui fut la dernière demeure de ma mère. Elle, qui rêvait de prendre l'avion et de nager avec des dauphins, a construit son petit paradis et y a investi toutes ses économies au lieu de voyager.

En janvier 2012, le diagnostic tombait : cancer des poumons, agressif, fulgurant, inopérable. Ma mère n'avait plus que six mois à vivre. Un peu de radiothérapie pour faire perdurer le plus longtemps possible sa qualité de vie, et merci bonsoir! Un an auparavant, la femme que j'admirais le plus a dû identifier son fils à la morgue, David, mon frère cadet de quinze mois. Mort par pendaison à l'âge de 29 ans. L'oncologue de ma mère nous a bien fait sourire en lui demandant si elle avait subi un choc émotif au cours des dernières années.

À cette époque, je roulais ma petite entreprise de coordination événementielle, *La Souris coquine, événements 100 surprises*! Fondée en 2005, en association avec ma meilleure amie Lyne, elle représentait davantage un hobby qu'une entreprise. Au fil de fêtes d'enfants, de *partys* corporatifs et de mariages, nous y consacrions nos soirées et fins de semaine, avec pour objectif de la rendre viable et d'y travailler en permanence. Toutefois, mon « vrai » travail se trouvait au club de football les Alouettes de Montréal. Avec trois enfants, une maison sur la Rive-Sud de Montréal, et un conjoint depuis 1999, j'avais une vie bien remplie, voire étourdissante.

Eugène, mon troisième fils, est né deux semaines avant le suicide de mon frère. Je vous raconte brièvement cette étape de mon histoire, car justement, elle fait partie intégrante de la personne que je suis. Aujourd'hui, je suis en paix avec le choix de David, même si je crois toujours que, peu de temps après son départ, il est venu chercher sa maman. J'étais en congé de maternité lorsque mon père m'a téléphoné pour m'annoncer la nouvelle. Eugène venait de terminer son boire du matin, son père était parti reconduire Xavier (4 ans) à la garderie, et Émile

(8 ans) était à l'école. Mon premier réflexe a été de m'inquiéter pour ma mère. David a eu un parcours de vie si différent du mien, de celui de mes parents et, disons-le, de 90 % des gens en général. Moi, j'étais si rigoureuse au travail, bonne à l'école, embrassant toujours mille et un projets, sociable et pleine d'entrain, alors que mon frère incarnait tout le contraire. Littéralement. Mes parents lui ont consacré toute l'attention, l'amour et l'aide financière possibles pour l'aider. Je me souviendrai toujours du moment où David, revenant de l'école, a dit à ma mère : « J'ai un cours en informatique, aujourd'hui, et j'ai aimé ça. » À peine le temps d'intégrer cette information qu'un ordinateur est entré dans la maison. Le but étant de l'aider à développer son engouement, qui est mort dans l'œuf malgré des études au privé, à Québec, pour qu'il devienne informaticien en dépit de l'absence d'un diplôme secondaire. Il était brillant, peut-être même trop, mais il n'a jamais su utiliser son intelligence à bon escient. Il ne venait pas à Noël, car mes enfants se levaient trop tôt et qu'il aimait dormir le matin. Le jour du drame, vous imaginez sans doute à quel point le cœur de ma mère s'en est trouvé brisé en mille miettes. Pour dire vrai, le décès de mon frère n'a pas réellement été une surprise. L'appel de la police a toujours plané au-dessus de nos têtes. Mais je savais que ma mère ne s'en remettrait vraiment jamais. Et je ne vous parle même pas de la peine de mon père! Perdre son enfant n'est pas naturel. Papa avait téléphoné à mon conjoint pour lui annoncer la nouvelle et s'assurer que je ne sois pas seule à la maison pour vivre mes émotions. La colère, l'incompréhension et la rage m'envahissaient au fur et à mesure que les heures passaient.

Nous attendions qu'Émile soit de retour de l'école pour lui annoncer que son oncle David était décédé et que nous allions rejoindre Mamie et Papie.

Moi : Mon grand, tu te souviens de mon'oncle David?

Émile : Oui, pourquoi?

Moi : Il est parti au ciel.

Émile : Ah non, comment ça?

Moi : Parce qu'il était triste et malheureux.

Émile : Mais comment va ma tante Lyne? Et Alexane?

Moi : Bien, pourquoi tu me demandes ça?

Émile : Ben, son amoureux est mort. Elle doit avoir de la peine, Lyne!

J'étais stupéfaite! Mon propre fils ne réalisait pas qu'il s'agissait de mon frère, son oncle, car il ne le voyait jamais ou presque. Il pensait que c'était plutôt un autre David, le conjoint de ma meilleure amie, qui était décédé!

J'ai donc passé mon congé de maternité en faisant du réseautage pour promouvoir mon entreprise en événementiel tout en prenant soin de mes enfants et en consolant ma mère. Sans oublier de vivre la même colère que mon père éprouvait. En effet, nous étions très fâchés que David ait choisi cette voie et de toute la peine qu'il causait à ma mère.

Un an et quelques mois plus tard, Monique alla rejoindre son fils. Je sais qu'elle s'est toujours sentie coupable de la vie que David a eue. Pourtant, j'ai reçu le même amour et la même éducation que lui. Elle a fait un job de maman exceptionnel, du mieux qu'elle a pu et avec tout son cœur et son âme. De mon côté, je faisais déjà preuve de résilience sans le savoir. Je ne voulais aucunement de la pitié des gens, ni leur faire sentir que j'étais fragile. Le cancer de ma mère est arrivé à peu près au moment où je revenais de mon troisième congé de maternité. Je me suis lancée dans le travail comme s'il s'agissait d'une bouée de sauvetage.

Voyageant au centre-ville de Montréal soir et matin, et vivant la routine du métro-boulot-dodo avec trois enfants, plus le voyagement entre l'hôpital de Trois-Rivières et celui de Shawinigan pour partager ces moments de douleur avec mes parents, la *SuperWoman* que j'étais a atteint le fond du baril rapidement! Mon entreprise battait de l'aile; ma santé, physique et mentale, aussi. C'est le père des garçons qui ma secouée en disant : « Là, ça va faire! Si tu te mets à terre, tu n'aideras personne! »

Je suis allée voir un médecin dans une clinique sans rendez-vous, de reculons, me disant que je n'avais pas besoin d'un congé pour maladie, que je n'étais pas souffrante. Juste avant d'entrer dans son bureau, je me suis revue à l'hôpital avec ma mère, qui venait de recevoir un traitement de radiothérapie. Mon cellulaire à la main, j'envoyais alors des textos et répondais à des courriels pour le travail, aux côtés de ma mère souffrante! À ces images, des larmes se sont mises à couler sur mes joues. Si bien qu'en pénétrant dans le cabinet du docteur, je n'ai pu prononcer que quelques mots : mère, cancer, six mois, Mauricie, trois enfants, suicide de mon frère, repos, travail.

Une boîte de papiers mouchoirs plus tard et avec en main le mot du médecin me donnant deux semaines de repos forcé, j'ai annoncé à mon patron aux Alouettes, qui s'est montré froid et bête, que j'avais besoin de repos. Mes parents m'ont tout de même fait comprendre qu'il fallait que je me prépare pour « après »; qu'allais-je faire à la suite du départ de ma mère? Mais, au final, ç'a été la meilleure chose qui me soit arrivée! J'ai obtenu un congé pour maladie, j'ai délégué mes contrats à des amies coordonnatrices et me suis occupée de ma famille... mais pas de moi. Sans revenus pendant trois mois, je peux me vanter d'avoir fait partie du 1 % de la population oubliée dans une faille informatique.

C'est alors que la résilience est entrée dans ma vie pour ne plus jamais en ressortir. Ma mère a fait une liste de choses qu'elle voulait réaliser, dont retourner à New York avec moi (comme lors de mon voyage de cinquième secondaire) et avec mon père pour la première fois. Vite, au bureau de passeport! Finalement, ces précieux documents n'ont jamais servi. Ma mère rêvait de nager avec des dauphins, mais, étant trop malade, ce sont des dauphins gonflables qui sont venus à elle, sur le lac devant la maison de mes parents. La dernière fois qu'elle est venue nous visiter à notre maison à Saint-Édouard, pendant sa sieste, mes garçons ont décoré sa chaise roulante. Après l'émission de télévision *Pimp mon char*, nous avons eu droit à *Pimp mon fauteuil roulant*. Vous dire le sourire qu'elle a eu!

Organiser les funérailles de ma mère et préparer son dernier voyage s'est avéré apaisant. C'était comme quand j'organisais n'importe quel autre événement. Je mettais mes émotions dans un tiroir, voulant profiter de chaque moment avec mes parents, mais aussi pour pouvoir travailler. Beaucoup de réseautage pour me trouver de nouveaux contrats et deux voyages en Mauricie plus tard, elle est partie rejoindre son fils. Quant à moi, je me suis retrouvée devant un compte de banque « dans le rouge », avec trois enfants à ma charge et un père qui faisait tout ce qu'il pouvait.

Après son décès, j'ai travaillé quelques mois dans une agence de sécurité, y faisant un peu d'administration, agence que j'ai connue lors de mon passage aux Alouettes de Montréal. En même temps, j'essayais de vivre mon deuil. Lors d'une activité de réseautage, comme je tentais toujours de décrocher de nouveaux contrats en événementiel, j'ai rencontré mon ancienne associée, de ma défunte entreprise *Mademoiselle en boîte* (MEB). Il s'agit de ma deuxième entreprise, dont le lancement a eu lieu le 4 avril 2013, soit le jour de l'anniversaire de ma mère! Une compagnie qui m'a appris énormément sur l'entrepreneuriat, mais aussi sur moi. Un projet d'affaires mené sans le sou, à me battre pour obtenir une subvention du CLD comme travailleuse autonome, à trimer des heures de fou pour livrer la marchandise, à prospecter pour de nouveaux contacts dans un domaine – la féminité – duquel je ne connaissais pas grand-chose, car je viens d'un milieu d'hommes : le football.

C'est avec MEB que j'ai découvert les hauts et les bas des médias sociaux, du voyage d'affaires que j'ai dû faire à Paris et de la séparation d'affaires, en plus de réaliser que d'avoir de bons papiers dès le départ, c'est fabuleux au moment du divorce. C'est avec ce projet d'affaires aussi que je me suis fait les dents sur la production de vidéos promotionnelles. Au bout de dix-huit mois, mon associée et moi en sommes venues à la conclusion que le projet d'affaires n'était plus viable financièrement et qu'il valait mieux tout arrêter avant d'être endettées. Ce que nous avons fait.

Peu de temps après, en novembre 2014, mon couple s'est mis à perdre des plumes. Le père de mes enfants et moi étions sur la même longueur d'onde : nous étions des amis avec des enfants, rien de plus. Par conséquent, à 33 ans, nous avons pris la difficile, mais mature décision de nous séparer. Briser ce mariage a été l'une des choses les plus épouvantables que j'ai vécues. Faire le deuil de ma famille, comme celle que mes parents avaient eue, a été éprouvant. Mais la femme résiliente que je suis n'a pas baissé les bras. Au contraire! Après avoir relevé mes manches, j'ai foncé droit dans cette nouvelle vie!

Je peux dire que j'ai vraiment bien réussi cette séparation. Mes enfants n'en ayant pas trop subi les contrecoups, j'ai pu avancer dans la vie plus facilement que je ne le pensais. Un de mes contacts m'a proposé un contrat de coordination dans une municipalité non loin d'où je demeurais avec les enfants; parfait pour l'été! La garde partagée s'est toujours bien passée et je crois sincèrement que l'amour était au rendez-vous grâce à mon état d'esprit.

Sur le plan sentimental, un certain Simon était déjà dans ma vie, mais dans l'ombre. Il a été mon *body guard* aux Alouettes durant toutes les années où j'y ai travaillé. Le rapprochement s'est fait tranquillement après le décès de ma mère, quand je travaillais à l'agence de sécurité où il œuvrait à temps partiel comme agent. Mon ami a été présent après ma séparation du père de mes enfants, mais doucement, les sentiments ont évolué vers l'amour. Former un couple avec un homme de huit ans plus jeune que moi fut quand même une belle surprise. C'est avec lui que j'ai reconstruit une nouvelle famille depuis.

Mais c'est aussi grâce à lui si l'entreprise le *Réseau des Mères en Affaires* (RMA) est née. Lui et tout le réseautage que j'avais fait auparavant. J'ai en effet croisé, dans deux contextes différents, des mères en affaires que j'avais connues en 2006. Ces femmes m'ont, à quelques mois près, tenu le même discours : « Pourquoi ne pas organiser un souper retrouvailles des Mamentrepreneurs? » Il s'agit d'un réseau dont j'avais fait partie, mais qui, malheureusement, n'existait plus en 2014. Il n'en fallait pas plus pour que mon hamster de cerveau roule à 100 kilomètres à l'heure!

Vous vous rappelez quand je vous disais que j'avais dû me battre pour obtenir une subvention du CLD pour *Mademoiselle en boîte?* Eh bien, j'ai ressorti le CD renfermant les documents nécessaires pour faire la demande de cette subvention, qui contenaient entre autres un plan d'affaires et un tableau de prévision des ventes, et je me suis mise à les remplir pour le RMA. En deux jours, j'avais mis sur papier une entreprise! C'était en août 2014.

Toutefois, je n'étais pas au bout de mes peines! Le syndrome de l'imposteur dans le tapis, j'ai organisé une soirée de lancement le jour de mon anniversaire, invitant des mères en affaires que je connaissais, mais des amies aussi, me disant que si jamais le succès n'était pas au rendez-vous, ces dernières y seraient pour célébrer! C'est donc le 8 octobre 2014 qu'est né le *Réseau des Mères en Affaires*, puisque cinquante personnes étaient présentes ce soir-là!

Ne roulant toujours pas sur l'or, j'avais demandé au père des garçons, infographiste, de me faire un logo de base, que j'utilise encore à ce jour. J'ai aussi appris à créer moi-même mon site

Web qui, avec le recul, me rappelle constamment qu'il vaut mieux faire affaire avec des professionnels dès que le projet est lancé au lieu de vouloir réaliser des économies de bouts de chandelle!

Le lendemain du lancement, j'avais prévu dans mon plan d'affaires d'inaugurer le RMA en Mauricie, ma région natale, où je connais plusieurs mamans entrepreneures. À ce moment, le téléphone a sonné : l'Outaouais m'appelait. Mylène Beauchamp avait vu sur les médias sociaux qu'une mère en affaires qu'elle connaissait, Lyne Petit, avait pris la parole lors du lancement du RMA, et elle désirait savoir comment amener l'organisme dans sa région.

Au cours de la première année, huit régions ont vu apparaître le RMA chez elles. J'ai aussi éprouvé ma résilience en mettant sur pied, en octobre 2015, le tout premier congrès de deux jours! Ah, oui... en étant enceinte de mon quatrième enfant, ma première fille, qui est née le 8 octobre 2015, soit cinq jours après le congrès et le jour de mes 36 ans. Cet événement a bien failli faire fermer le RMA, à cause de l'impact financier. Disons que la fille positive s'est dit que la notoriété et la visibilité obtenues avec le congrès allaient aider pendant le reste de l'année du réseau.

Au final, le congrès a toujours représenté un énorme défi, faisant de plus en plus appel à ma résilience. Lors de la seconde année d'existence de mon entreprise, des territoires se sont divisés afin de répondre à un plus grand nombre de mamans entrepreneures, faisant ainsi émerger quatre nouvelles régions. Mais le deuxième congrès a été tout aussi difficile à gérer financièrement, sinon plus, puisque des erreurs majeures ont été commises par le personnel de l'endroit où se tenait l'événement. Tellement que la veille du congrès, tout aurait pu être annulé.

Un peu plus douce, la troisième année d'existence du RMA a accueilli six nouvelles régions et lancé un congrès intense... surtout après sa tenue. Ayant encore à l'esprit toutes les choses qui avaient mal tourné lors des deux premières éditions, j'étais prête, à l'affût des signes de désastre. Heureusement, car il m'a fallu l'aide d'une avocate pour arriver à mes fins! Pendant la troisième édition du congrès, je me remémorais toute la force que j'avais déployée depuis l'annonce du suicide de mon frère et j'y puisais la précieuse énergie dont j'avais besoin afin que tout se déroule au mieux pour les participantes.

C'est aussi grâce à mon assistante virtuelle que j'ai pu y arriver et me relever de tout cela dans le but de planifier la nouvelle année du RMA et la quatrième édition de cet événement. Deux autres secteurs de la province ont joint les rangs de l'entreprise, mais au moment d'écrire ces lignes, mon petit doigt me dit qu'au final, ce sont quatre nouvelles régions qui s'y grefferont. Toutes ces épreuves émotives et financières, tous ces deuils que j'ai vécus depuis 2011 me rendent forte et audacieuse. Je suis la Christine Marcotte que je suis grâce à la vie que j'ai eue. Ces événements font partie de moi et ils cohabitent avec tellement de choses agréables qu'au final, la beauté, la joie et l'amour prennent davantage de place. Ma mère ne verra jamais ma fille. Elle n'assistera jamais non plus au succès d'affaires de sa fille qui, aujourd'hui, possède une entreprise connue à travers la province de Québec, donne des conférences sur la conciliation travail-famille et agit comme experte en réseautage à caractère humain. En outre, j'ai encore mille et un projets en tête, dont un voyage dans le Sud pour les *Mères en affaires*, un échange culturel avec les *Mères en affaires* de la France et un cinquième enfant qui naîtra au printemps 2019. Mais je me plais à croire que ma mère, là où elle se trouve, en plus de célébrer mes victoires, me transmet cette résilience pour que je puisse affronter les moins bons moments que la vie me présente.

Je tiens à remercier celui qui a toujours cru en moi, qui m'accompagne depuis le tout début de ma vie et qui a su m'inculquer les bonnes valeurs qui font de moi la Christine que je connais : mon père. Il m'a toujours dit de faire quelque chose que j'aime dans la vie, d'être honnête, vraie... et à l'heure! Papa, merci de m'avoir montré le chemin de la résilience, le parcourant toi-même par le travail difficile que tu as accompli pendant 33 ans pour nourrir ta famille, par l'épreuve de la mort de ton fils, par l'accompagnement de ta femme vers la mort. Comme quoi la pomme ne tombe jamais bien loin de l'arbre!

Christine Marcotte

Yves Gonthier

Propriétaire du Camping du Lac d'Argent
www.campingdulacdargent.ca
info@campingdulacdargent.ca

Yves Gonthier naît à Montréal en 1958. Il complète son bagage scolaire avec une équivalence de cinquième secondaire, mais ses ambitions ne s'en trouvent pas diminuées pour autant.

Entrepreneur dans l'âme, il cumule les projets tout au long de sa vie, sa quête n'étant pas l'argent ou le pouvoir, mais plutôt la passion. À l'image de tout passionné, Yves voit certains de ses projets ne pas connaître le succès espéré, mais comme il le dit souvent, c'est la moyenne au bâton qui importe.

Sa devise : « Si ton seul but en affaires est de gagner de l'argent, il se peut qu'un jour, tu sois perdant, tandis que si tu le fais par passion, tu seras toujours gagnant. »

Tombé dans l'acceptation et la résilience quand il était petit, Yves ne s'est jamais découragé. Aujourd'hui père de trois enfants et grand-père de quatre, à la préretraite et indépendant financièrement, Yves apprécie sa récompense : voir ses enfants vivre tout aussi intensément que lui.

Parfois, il regarde en arrière et a l'impression de n'avoir jamais travaillé dans la vie. Comme quoi on peut très bien vivre de ses passions.

171

C'est dans le chemin
que l'on trouve le bonheur

Ce n'est pas la destination,
mais la route qui compte
– Proverbe Gitan

La pluie tombait; quelle odeur agréable! Pas une pluie qui vous oblige à vous abriter. Non, plutôt celle du genre à vous donner le goût d'une balade. Chaude, douce, presque chantante, une pluie qui vous incite à la réflexion, au ménage. Mon ménage. Je sortais de l'hôpital, mais encore aujourd'hui, je ne me rappelle plus combien de temps j'y suis resté. C'est flou. Une journée, peut-être deux. Aussi, je n'arrivais pas à me rappeler qui m'y avait emmené. Parce que de toute évidence, j'étais à pied et ma voiture, elle, était restée au chantier.

Le chantier. Mon chantier. Celui qui devait représenter un super beau projet. La transformation d'un magnifique bâtiment datant d'avant-guerre qui, à cette époque, abritait une manufacture de bottes. Il devait compter 26 unités de condominiums de style loft. Ah oui, j'oubliais de vous dire : je suis entrepreneur et depuis mon tout jeune âge, je bâtis des maisons neuves. Donc, ce projet constituait de loin celui dont j'étais le plus fier. Je me souviens, quelques années auparavant, quand je me baladais avec mes enfants sur la promenade longeant la rivière et que nous passions devant le bâtiment en question, je m'arrêtais pour l'observer et j'y voyais un énorme potentiel. Au fil du temps, mes enfants ont fini par l'appeler « ma

173

bâtisse », à force de me voir élaborer des plans de revitalisation afin qu'elle soit parfaite.

Une autre chose, ou plutôt quelqu'un d'autre m'unissait à elle : mon père. Il possédait une entreprise manufacturière et l'avait aménagée durant quelques années en attendant de trouver un bâtiment répondant davantage à ses besoins. Encore tout jeune, chaque fois que j'y pénétrais, j'étais impressionné par la bonne odeur qui imprégnait ses vieux murs, la beauté de ses planchers ainsi que par la hauteur de ses plafonds. À ce moment, j'étais loin de m'imaginer que j'en deviendrais le propriétaire. Finalement, c'est ce qui est arrivé. J'ai acheté la bâtisse, fait faire des plans et des devis afin de transformer cet immeuble en unités résidentielles, obtenu les permis nécessaires, procédé aux appels d'offres et engagé les sous-traitants. Le chantier en était maintenant à plus de 60 % de sa réalisation.

C'est drôle, car sous cette pluie, je me sentais quand même bien. Pas très bien, mais « correct » et heureux des résultats des examens que je venais de passer à l'hôpital. Soulagé, aussi, parce que quand tu sais que ton grand-père paternel, que tu n'as jamais connu, est mort d'une crise cardiaque, que ton père est suivi par un médecin depuis des années pour des angines de poitrine et que tu te retrouves avec des douleurs similaires, tu ne peux faire autrement que d'envisager le pire.

Tout avait débuté quelques jours auparavant. J'allais chercher un chargement de bois franc pour mon chantier. Le malaise s'était-il manifesté avant, je ne me rappelle pas, mais depuis le début de la journée, j'avais un point dans le dos. Un mal auquel je ne prêtais pas vraiment attention. Arrivé au commerce en question, je chargeais les matériaux quand la copropriétaire de l'entreprise a remarqué un geste anodin que je faisais depuis un moment et qui consistait à tirer sur mon chandail, à la hauteur de ma poitrine, comme si celui-ci était trop serré. Elle m'a demandé si j'allais bien, ce à quoi j'ai répondu oui malgré cette douleur au dos. C'est alors qu'elle m'a parlé de son mari, de sa récente crise cardiaque et des symptômes qu'il a ressentis juste avant, qui montraient des similitudes avec ce que je vivais. Elle m'a imploré de ne pas prendre ce malaise à la légère. Comme le camion était chargé, j'ai repris la route en me promettant de passer des examens dès que je serais arrivé. À mon retour au chantier, quelqu'un est venu me reconduire à une clinique afin que j'obtienne une opinion sur mon état.

Le hasard a voulu que le médecin de garde ne soit nul autre que celui qui traitait mon père. À la description des symptômes que j'ai ressentis durant la journée, et avant même que je n'aie le temps d'enlever mon chandail, il m'a dit de me rhabiller et d'aller directement à l'hôpital, où je devrais passer une série de tests. Il a ajouté : « Je n'aime pas ce qui se passe, pas plus que je n'aime l'état de santé de ton père ». J'avais intérêt à me rendre au centre hospitalier.

Sous la pluie, je poursuivais donc ma réflexion. Je marchais lentement. J'en avais pour 45 minutes, une heure tout au plus, et de toute évidence, je me retrouvais à la croisée des chemins. Je devais prendre une décision. Non pas que les résultats aient été alarmants, bien au contraire, car je n'avais rien. J'étais d'ailleurs en très bonne santé. Ce que je venais de vivre n'était nulle autre qu'une crise d'angoisse, et on m'avait expliqué que ses symptômes s'apparentent en tous points à ceux d'une crise cardiaque. Il n'en demeurait pas moins que j'avais eu la frousse et que contrairement aux maladies qui arrivent sans crier gare et que l'on ne peut contrôler, on peut traiter le stress et l'angoisse. J'avais bien l'intention, à ce moment, de faire quelque chose afin de remédier à cette situation.

Vous connaissez l'histoire du homard? Le homard, un crustacé au corps tendre, est enfermé dans une carapace dure. Au fur et à mesure qu'il grandit, le homard se sent de plus en plus à l'étroit et mal à l'aise dans sa carapace. C'est alors qu'il se cache de ses prédateurs pour sortir de sa carapace et s'en fabriquer une autre à sa grandeur. C'est ainsi qu'il évolue. Sans cela, le homard ne grandirait jamais, et pire encore, il passerait sa vie coincé dans son inconfort. Là, j'étais ce homard.

Avec ce stress, le malaise, je devais prendre une décision. D'abord, comment en étais-je arrivé là? Il me fallait admettre que rien n'allait plus sur le projet : erreurs de relevés servant à la préparation des plans, non-respect de contrats de certains sous-traitants, coûts supplémentaires entraînés par l'ajout de travaux exigés par la Ville et non prévus au budget. Tout cela alors que les deux tiers des unités étaient vendus. Donc, aucune possibilité de rattraper l'excédent pécuniaire engendré. J'étais en manque de liquidités, mais pire encore, il me serait impossible d'éponger tous les dépassements de coût avec le peu d'unités qui restait à vendre. Je me dirigeais tout droit dans un mur; je devais agir. Souvent, quand les choses ne se passent pas comme prévu, une voix intérieure nous dit que nous le savions dès le début, que nous avions eu des signes. Bien sûr, ce projet n'y faisait pas exception.

Au tout début, j'ai présenté mon offre d'achat pour le bâtiment en question. Le prix offert avait été accepté par le vendeur et il ne restait plus qu'à réaliser ma condition d'achat, qui était le financement du projet. La réponse ne s'est pas fait attendre. Prêt refusé. La cause : je ne possédais pas assez de liquidités pour un tel projet. Pas de financement, pas de bâtisse, pas de projet. Dossier clos.

Si vous pensez que j'allais me contenter d'un tel scénario, c'est bien mal me connaître. J'ai rencontré le propriétaire et lui ai fait la proposition qu'il ne pouvait pas refuser. Il garderait une balance de vente sur le bâtiment en se plaçant en deuxième hypothèque sur celui-ci, libérant par le fait même le premier rang pour l'institution prêteuse. Cette offre me procurait la marge financière nécessaire au projet. Je me rappelle encore, lorsque j'ai présenté cela au vendeur. Il m'a demandé, dans le cas où je serais incapable de terminer mon projet, ce qu'il adviendrait de sa bâtisse. Il a ajouté que si je ne pouvais achever ce projet pour moi, je serais incapable de le finir pour un autre.

Bon sang qu'il avait raison! Je ne sentais plus l'énergie de continuer. Quand bien même j'aurais cédé mon projet à un tiers, je n'aurais pas été plus apte à poursuivre. Je devais prendre ce malaise comme un avertissement. Si je ne faisais pas de compromis d'argent concernant mon bonheur, il ne devait pas en être autrement au sujet de ma santé. Je devais tout arrêter et assumer le fait que je n'y arriverais pas. Je n'avais plus de liquidités, j'avais les mains liées avec des ventes en deçà du prix que me coûteraient ces unités et pas assez de celles-ci à vendre pour éponger le déficit en devenir. Je devais tout arrêter maintenant et faire face à la musique. Normalement, je ne me serais pas inquiété, me disant qu'une erreur peut arriver, mais voyez-vous, il ne s'agissait pas de ma première.

J'avais alors trente ans. Le moins que l'on puisse dire, c'est que ma trentième année de vie n'avait pas été des plus réjouissantes. Un investissement majeur – du moins pour moi à cette époque de ma vie – dans un domaine que je ne connaissais pas du tout, m'avait jeté au tapis. Ce qui, au départ, se dressait comme un beau projet s'était vite transformé en cauchemar. Après une seule année d'exploitation, la faillite était devenue la seule issue possible. L'apprentissage avait été dur, mais j'avais au moins compris que d'investir dans un domaine qui ne nous est pas familier demande plus d'investigations. Après avoir fermé boutique, j'étais retourné à la construction, qui était – oui, je sais, je vous l'ai déjà dit! – ce que je savais faire de mieux.

Me voilà donc à 38 ans au même point qu'à mes 30 ans. Parfois, nous fermons les yeux sur les messages qui, après coup, nous semblent tellement clairs. Mais bon, c'est un peu ça, l'apprentissage. La décision était si difficile à prendre! Comment évaluer les conséquences financières engendrées par l'arrêt du chantier? Allais-je trouver un acheteur qui reprendrait le chantier dans sa situation actuelle? Si oui, à quel prix? Perdre ma mise de fonds ne serait pas catastrophique, mais allais-je rester avec un solde important après avoir englouti tout ce que j'avais dans ce projet ? Je ne pouvais répondre à cette question avant de tout déclencher, même si après, il était trop tard pour revenir en arrière.

Je devais donc prendre une décision et accepter de vivre avec ses conséquences. Repartir à zéro ne me faisait pas peur, car on ne repart pas vraiment à zéro. Tout ce que nous apprenons au fil des années, nous ne le perdons pas. Ce n'est que lorsque nous arrivons au point de chute que le vrai travail commence. Vous savez ce que l'on dit d'une erreur? Que ce n'est qu'une occasion pour recommencer plus intelligemment. C'est pour cela que j'allais me lancer. C'était décidé, j'arrêterais tout.

Wow! Toute une balade! Arrivé à mon auto, j'ai regardé cette jolie bâtisse. Ma bâtisse, comme diraient mes enfants, mais qui bientôt ne serait plus mienne. Qu'elle était belle, avec ses briques rouges et ses nouvelles fenêtres vertes! Elle avait de la gueule, mais je ne serais pas celui qui la livrerait à ses futurs propriétaires. J'ai démarré la voiture. Je ne savais pas ce qu'il m'arriverait, mais j'étais confiant.

Malgré la gêne et mon sentiment d'échec, les jours suivants se sont mieux passés que je ne l'espérais. La peur d'affronter mes partenaires d'affaires, la colère et l'humiliation s'étaient plutôt transformées en compassion et en recherche de solutions. À commencer par mon institution financière, qui m'a proposé des issues. L'abandon du projet était une chose inévitable, puisqu'il s'agissait du seul moyen de renégocier les prix de vente des unités, qui procureraient l'apport financier supplémentaire nécessaire à la continuation du projet. Toutefois, une bonne nouvelle subsistait : la faillite n'était pas une option. Du moins, pas pour le moment. Même que mon institution financière prendrait tout en main afin de me permettre de ne pas choisir cette avenue, allant même jusqu'à me conseiller de partir en vacances, tout en étant joignable et disponible.

Il y a quelque chose de merveilleux avec la résilience : la paix. Hier, je me sentais dépassé, au bord du gouffre, anxieux, en perte de contrôle. Aujourd'hui, je me sens en paix. Certes, je n'ai aucun contrôle sur qui se passera dans les prochains mois, mais j'en assume les conséquences. Je me suis engagé dans l'acceptation.

Après avoir déterminé un moyen de communiquer avec les intervenants et remis une procuration à une personne de confiance, lui permettant de signer à ma place tout document nécessaire pour la suite des événements, j'ai suivi les recommandations de ma banque et pris des vacances. J'ai vendu ma maison et ma voiture, puis je suis parti pour une période sabbatique de huit mois, sur mon petit voilier, en compagnie de mes trois enfants. Du lac Champlain, nous avons vogué doucement jusqu'en Floride. Avec cette escale est arrivée la fin de mes soucis. Un retour d'appel me confirmait la vente de mon projet. Contre un paiement symbolique d'un dollar, le nouveau promoteur reprenait à sa charge le projet, le prêt hypothécaire, les contrats et les paiements des sous-traitants. Cette vente lui permettait de rouvrir les offres d'achat afin de les ajuster aux nouvelles réalités.

C'est fou comme tout est une question de perception. Il y a de cela moins d'un an, l'achat de ce bâtiment apparaissait en tête de liste de mes plus beaux moments. Aujourd'hui, sa vente figure au même rang dans ce palmarès. Ce moment bien précis restera ancré dans ma mémoire pour le reste de mes jours. En effet, comme la conclusion du dossier ne consistait qu'à officialiser le tout chez un notaire et qu'une personne habilitée à signer les documents à ma place pouvait s'y rendre, il a été décidé par moi, dit le capitaine, et mes enfants, dit l'équipage, qu'il s'agissait de notre dernière journée en Floride. Le lendemain, nous prenions la direction des Bahamas.

Vous me croirez sûrement si je vous dis que ce voyage, aussi salutaire que merveilleux, est maintenant classé tout de suite après la naissance de mes enfants au top de mes plus beaux moments à vie. Même si nous avions des moyens restreints et qu'après mon retour, je me retrouverais devant rien, c'est dans un bonheur total entre navigation, études, pêche, randonnée, bons repas et complicité que nous avons passé le reste de l'hiver dans des îles paradisiaques. Le printemps, pour mes enfants, s'est déroulé sous le signe du retour à l'école et de la préparation aux examens finaux, et pour moi, sous celui de la renaissance.

Cette histoire n'est qu'un chapitre de ma vie. Je ne connais le mot résilience que depuis quelques années seulement, mais sans que je le sache, cette vertu vit en moi depuis mon tout jeune âge. Je l'appelais autrement, tout simplement! Toute ma vie, j'ai été en acceptation devant les situations dont je n'avais pas le contrôle. J'ai surmonté les échecs en me rappelant que ce n'était pas de tomber qui importait, mais bien la façon dont je me relèverais. Je me disais qu'après tout, pour rester debout et continuer, il suffisait de se relever une fois de plus que de tomber. Que l'important était notre moyenne au bâton. Parlant de moyenne, présentement, le meilleur joueur de la Ligue Nationale de base-ball frappe sous la barre des .500. Pourtant, il gagne des millions de dollars et est adulé. Je suis sûr que si nous calculions tous notre propre moyenne résultant de nos bons et de nos mauvais coups, nous obtiendrions un résultat supérieur à .500, alors pourquoi s'en faire?

La beauté de la résilience, c'est qu'elle vient avec l'acceptation, l'humilité, l'ouverture sur les autres, la patience, la conscience et la responsabilisation. La résilience nous ouvre aussi la porte au pardon, à l'endroit des autres, mais surtout à soi-même, et entrebâille du même coup celle de la peur de l'échec. Je me disais qu'il est impossible d'escalader une montagne complètement lisse. Ce sont ses roches et ses pierres, comme nos obstacles dans la vie, qui facilitent son ascension avec comme résultat le bonheur de l'avoir gravie. C'est en parcourant le chemin que l'on trouve le bonheur; la destination n'est qu'un prétexte, une motivation, un but, un rêve et par conséquent, le futur. Le chemin, lui, c'est le présent, avec ses doutes, ses imperfections, ses peines et ses joies. C'est ça, vivre le moment présent. La résilience amène la paix et lorsque nous sommes en paix, le chemin devient plus important que la destination. C'est là qu'arrive le bonheur.

Pour conclure, mon attitude résiliente m'a permis, dès mon retour de voyage aux Bahamas avec mes enfants, de me remettre à la construction de mon entreprise. Quelques années ont suffi à me redonner une crédibilité financière. Quelques-unes de plus m'ont permis d'atteindre une autonomie financière complète et, par conséquent, de prendre ma retraite. À mes yeux, il ne fait aucun doute que sans l'aventure de « ma bâtisse », je ne serais pas où j'en suis en ce moment. Après tout, ne dit-on pas que lorsque nous recevons un coup de pied au cul, c'est par devant que nous sommes projetés, et plus fort il est, plus loin est l'atterrissage?

Ah, oui... puisque toute bonne chose n'a pas toujours une fin, cinq ans après les événements qui m'ont poussé à entreprendre ce voyage salutaire aux Bahamas, mes enfants m'ont demandé de le refaire. C'est donc avec une énorme reconnaissance envers la vie que nous y sommes retournés.

Cette fois, sur un magnifique voilier de 46 pieds. La résilience, c'est d'accueillir avec confiance et gratitude ce que la vie nous offre, contrairement aux regrets et à la déresponsabilisation qui eux, nous en bloquent l'accès. Lorsque le train s'arrête en gare, ce n'est qu'une station. Ce n'est pas la fin en soi. C'est à nous de décider si le voyage continue ou non. Je vous souhaite un très beau chemin.

Yves Gonthier

Florence Duhamel

Propriétaire de Maisons D & D Inc.
www.maisonsdd.com
fduhamel@maisonsdd.com

Femme engagée dans la construction, Florence Duhamel fait tout en son pouvoir pour satisfaire ses clients. Chaque mandat se transforme en une occasion de grandir dans un secteur naturellement réservé aux hommes.

En tant que conjointe et partenaire de Michel Dumas, entrepreneur général et menuisier de métier, Florence fait ses premières armes à ses côtés. Née en France, elle ignorait qu'en arrivant au Québec, elle se retrouverait dans ce domaine, après avoir travaillé près de quinze ans dans le secteur des communications. Elle n'a pas vu naître sa passion pour la construction, et pourtant, elle existe et grandit au fil de plusieurs projets immobiliers. Finalement, Florence incarne le métier d'entrepreneur général et participe de plus en plus aux activités pour cofonder, en 2005, *Maisons D&D inc.*

Depuis, l'histoire de *Maisons D&D inc.* n'a jamais cessé de s'écrire. Florence s'occupe de la gestion de l'entreprise à son bureau de Candiac. La compagnie se concentre sur des agrandissements, la gestion de constructions neuves et des rénovations majeures. Des services clés en main.

Stimulée par le feu de la passion de Michel, son conjoint, Florence s'approprie le métier et en connaît tous les détails. Les matériaux n'ont pas de secret pour elle. De même, les

185

complications deviennent des sources d'inspiration, d'innovation, et la satisfaction de chaque client l'invite à s'améliorer. L'engagement, la transparence et la qualité de l'expérience-client sont des valeurs qu'elle s'approprie.

Française mariée à un Québécois, Florence élève leurs trois enfants dans un mélange de cultures. Son dévouement à inculquer à ses enfants de bonnes valeurs se traduit par la communication active. Très ouverte d'esprit, elle trouve le moyen de jongler entre les deux modes de vie en inculquant à sa façon son éducation française. Passionnée de voyages, elle plaisante en disant que leurs enfants passent plus de temps sur la route que sur les bancs d'école. Il lui arrive de partir pendant un mois aux États-Unis en VR avec sa famille.

Adepte de développement personnel, elle lit beaucoup sur le sujet. En constante interrogation, elle est toujours à la recherche de bien-être. Pour cette amoureuse de la convivialité, l'esprit d'entraide et le partage sont des valeurs sûres. À l'écoute des autres, Florence est toujours prête à aller prendre un café pour discuter. Son élan de générosité fait d'elle une personne ressource, une référence.

Aujourd'hui, Florence Duhamel fait partie de celles qui ont brisé la tradition, prouvant ainsi que les femmes ont leur place dans le secteur de la construction. Entre-temps, la saga continue!

Dans l'esprit de cette entrepreneure dynamique et inspirante, chaque personne devrait respirer le bien-être dans son espace de vie. Elle s'en fait même une mission.

Parcours d'une femme déterminée

Si la souffrance contraint à la créativité,
cela ne signifie pas qu'il faille être contraint
à la souffrance pour devenir créatif.
— Boris Cyrulnik

« Tout ce que l'on affronte tombe et ce que l'on fuit nous suit. » Cette phrase, j'y crois et elle me colle à la peau depuis longtemps!

D'origine française, j'ai débarqué au Québec à l'âge de vingt ans. Seule, sans emploi, mais avec un beau bagage de diplômes, j'ai foncé.

Le domaine de la vente m'a tout de suite interpellée et c'est naturellement que je m'y suis destinée. Haute comme trois pommes, je vendais dans mon village des pays de Loire des œufs de Pâques et des billets de loterie pour notre kermesse, à pied et à vélo. Bref, tout le voisinage connaissait cette petite blondinette qui, déjà, à l'époque, avait du mordant!

Durant mes débuts au Québec, c'est lors d'une sollicitation pour vendre des rabais applicables aux interurbains pour *Sprint Canada*, dans un centre d'affaires de Montréal, qu'un de mes prospects voulait à tout prix que je me joigne à sa compagnie, alors en démarrage, mais qui aspirait à grand. Certes, des défis de taille m'attendaient à l'interne, mais n'était-ce pas à moi d'y faire ma place, de pratiquer ce que j'avais appris sur les bancs d'école en commerce, puisque dans cette incorporation en

187

pleine émergence tout était à faire? Je pourrais sûrement, par la vente, y faire du marketing aussi! Mon rêve, à l'époque...

J'aimais ce travail et l'accomplissais avec passion. J'y mettais tout mon cœur, peut-être avec un peu trop de naïveté. Même durant mes congés de maternité, les vacances et les week-ends, je poursuivais mes ambitions d'être la meilleure représentante et d'y laisser ma marque.

Très rapidement, du moins pour une novice, et quelques mois après la naissance de Jonathan, mon premier enfant, j'ai décroché le plus gros contrat pour l'entreprise. Contrat qui aurait dû me prévaloir beaucoup de reconnaissance et de rémunération. Ce qui n'a malheureusement pas été le cas puisque mon patron – mais mon ami aussi! – a apposé son nom sur la version finale de l'entente, me tassant cavalièrement et de façon draconienne, révisant même à la baisse toutes mes conditions salariales. Je crois fermement que nous rencontrons tous notre lot d'apprentissages sur notre chemin de vie. Or, même si j'acceptais difficilement cet événement, en définitive, il s'est avéré un activateur de puissance. Après avoir retourné cette épreuve en défi, j'ai dépassé mes objectifs en un rien de temps et tiré ma révérence pour donner naissance à mon deuxième enfant : Alexandre!

Cette énergie que je démontrais sur un plancher de danse pouvait donc me servir à me dépasser, à être une *superwoman* au travail. Il est vrai que cela crée parfois des séquelles, car à force de vouloir être plus et encore plus, et avant que mon stress ne me rende résiliente, tout cela m'a menée à l'épuisement professionnel juste après la naissance de ma fille Amélie. À ce moment, mon corps m'a fait comprendre l'importance, entre autres, d'être plus présente auprès de mes enfants et que la vie professionnelle ne me nourrirait pas de tous les bonheurs que ma famille me procurerait.

De cette période, j'en retiens qu'il est parfois délicat d'entretenir de belles relations d'amitié en affaires. Mon passage dans cette société m'aura vraiment permis de devenir une femme d'affaires redoutable et de réaliser que je pouvais me retrousser les manches afin de me dépasser, et ce, quelle que soit la barrière rencontrée. Plus tard, j'allais comprendre que ces apprentissages professionnels me serviraient pour diriger ma propre entreprise.

Grâce à ma détermination et à mon travail, ces années en vente se sont montrées relativement lucratives. J'arrivais même à profiter de l'expérience de mon conjoint, Michel, pour flirter tranquillement avec l'immobilier et la rénovation, domaines qui m'intéressaient de plus en plus.

Michel, mon amoureux, mon mari, mon partenaire, mon ami, mon confident et associé. Bref, mon complément!

Reconstruire et se construire... une entreprise

En 2005, mon conjoint et moi avons créé notre propre compagnie de construction : *Maisons D&D inc.* Nous possédions à l'époque une des plus belles maisons de Candiac, construite par mon mari, déjà entrepreneur général de la Régie du bâtiment du Québec (RBQ), de même que des immeubles à revenus. Une belle stabilité s'installait donc.

C'est lors de la vente de cette maison que nous avons pris notre envol. Seule la *Maison de rêve des Ailes de la mode*, à

Candiac, avait atteint des sommes aussi folles en vente. Michel avait passé un an à construire la nôtre de ses mains. Elle valait chaque heure et chaque dollar investis.

Après la vente de cette demeure cossue, nous avons acheté un condominium industriel dans le Quartier DIX30, à Brossard, où notre compagnie s'est installée. Nous gérions à l'époque une quarantaine d'employés tels que des vendeurs, des menuisiers, une adjointe, une secrétaire, un estimateur et même un comptable CMA! Je pouvais être fière de notre réussite, fière de nous.

Nous comptions sur nos véhicules lettrés, de même qu'une salle de conférence, et dirigions une quinzaine de chantiers en même temps. Aucun client n'était trop important : des immeubles de soixante logements, des maisons unifamiliales, des contrats allant de quelques milliers à plusieurs millions de dollars, de la démolition, de la rénovation, de la construction et de la reconstruction, etc. Nous avions même été approchés par des groupes d'entrepreneurs en sinistre, mais nous aimions trop notre indépendance.

C'était mon rêve de diriger une entreprise prospère, une PME! Certes, *Maisons D&D inc.* ne représentait pas encore une PME, mais c'était tout comme pour moi! Nous avions engagé la Banque de développement du Canada (BDC) pour qu'elle rende un diagnostic et détermine les différents rôles et titres de chacun des employés. Un investissement qui frisait la folie. Après expertise, on nous a dit qu'avec mes aptitudes de leadership, je devais être la directrice générale... soit la patronne de mon *chum*, finalement.

Du papier, encore du papier!

Nous ne faisions, à l'époque, que du résidentiel léger, mais un problème de taille se posait sur le plan du recrutement des sous-traitants et des employés, les plus disponibles étant plus habitués au secteur commercial. De plus, le domaine de réparation après sinistre est un milieu où tout est urgent. Petit à petit, notre entreprise s'est mise à grossir, la facturation et la gestion du personnel sur de gros chantiers alourdissaient nos tâches et par le fait même, augmentaient notre stress.

Se sentant de plus en plus à leur aise, nos vendeurs jouaient le rôle de *boss des bécosses,* en d'autres mots, aux petits chefs hiérarchiques sans autorité. Mon conjoint et moi faisions de plus en plus d'heures de bureau avec la gestion des contrats, des factures, etc. Du papier, encore du papier! Mon comptable, ancien directeur général (DG) d'usine, en plus de nous soutenir dans la gestion de notre compagnie, agissait comme filtre, nous permettant ainsi de ne pas être sollicités constamment. Or, quand ce fidèle bras-droit nous a quittés pour travailler à la Ville de Montréal, nous avons difficilement continué sur cette lancée.

Entre les rencontres avec les banques, les fournisseurs, les comptables, les vendeurs, les clients et les sous-traitants, tout allait vite.

À ce moment crucial du développement de notre entreprise, l'adrénaline que me procuraient les rencontres avec les banques, à qui je présentais nos projections financières à la Place Ville Marie, me faisaient revivre la belle époque des présentations à l'Oréal, à Cossette et à Marketel. Je siégeais aux premières loges. Mes dossiers étaient étoffés et mes talents en créativité média, sollicités au maximum. Nos chantiers, nos remises gouvernementales et les taxes représentaient des sommes à payer et à recevoir de plusieurs dizaines, voire de centaines de milliers de dollars. Les banques nous devenaient alors indispensables pour subvenir aux délais d'attente. Nos marges, élevées, aidaient à gérer ces flux financiers. Avec l'aide d'un cabinet de comptables, nous préparions *proforma*, budget, bilan, descriptif, etc. Nous devions cheminer avec les meilleurs partenaires.

Malgré tout, nous tenions le cap. Nous avancions et *Maisons D&D inc.* prenait de plus en plus de place sur le marché de la rénovation. On nous confiait des mandats en sinistre pour d'importants immeubles à logements. Mais voilà, un de nos gros clients s'est permis de déposer les chèques des assurances, totalisant près de deux millions de dollars, sans notre endossement, et ce, malgré que notre nom y soit inscrit. Vous me direz qu'il n'avait pas le droit. Ce qui est vrai, mais cela change quoi? Le résultat demeure et dans ce cas, l'institution financière se prête au jeu du client. Si celui-ci avait des sous, quant à nous, alors en pleine croissance, nous avions investi en matériel, en immeubles, etc. Finalement, il manquera près de 600 000 dollars à l'appel, élément déclencheur d'une lutte juridique qui durera huit ans.

Plutôt que de nous retrouver au cœur d'une bataille avec ce client, nos fournisseurs et nos sous-traitants, nous avons vendu nos biens immobiliers et payé nos partenaires d'affaires ainsi que nos employés. J'ai dû solliciter toutes mes connaissances financières pour maintenir notre entreprise à flot.

Afin de mener cette lutte, j'ai dû trouver des ressources et me dépasser pour obtenir les fonds nécessaires, tout en étant bien assistée par notre avocat, notre mentor et notre précieuse technicienne comptable, Céline. Nous avons investi les heures qu'il fallait pour nous sortir de cet abîme; Michel sur les chantiers, moi au bureau.

Notre procès devait durer vingt-et-un jours, mais tout s'est réglé à l'amiable dès la première journée.

À mon avis, il existe un Bon Dieu pour les gens qui restent intègres à leurs valeurs. En ce qui a trait à ceux qui s'avisent de causer des problèmes aux autres, la vie se charge de souligner leur méchanceté afin qu'ils comprennent que lorsqu'on crache en l'air, ça nous retombe dessus!

J'ai toujours pensé qu'il fallait avoir confiance en la vie et suivre notre instinct. Quant à ceux qui, sur notre route, nous nuisent, abusent de notre cœur et profitent de la bonté d'autrui, l'univers s'en chargera.

Parfois, nous trouvons la vie difficile. Je crois par contre que « ce qui ne nous tue pas nous rend plus fort ». La vie est trop courte pour s'encombrer de personnes malsaines qui nous tirent vers le bas. Nous devons nous fier à notre jugement et écouter notre voix intérieure afin de s'assurer que cela ait du sens et que nous soyons en harmonie avec nos prises de décision et les gens qui nous entourent.

Les apprentissages

Avec du recul, nous avons trouvé notre croisade sur ce chemin du combattant cher payé. Bien des entrepreneurs, en optant pour la solution de facilité, auraient fermé boutique. Redémarrer à zéro aurait sûrement été moins douloureux, moins ardu et surtout plus court. Toutefois, nous avons choisi de faire respecter nos droits tout en demeurant fidèles à nos valeurs.

Les compétences que j'ai développées grâce à cette deuxième épreuve sont phénoménales. J'ai désormais plus d'aptitudes en tant que gestionnaire. En outre, mes connaissances juridiques sont meilleures que celles de bien des entrepreneurs. Évidemment, payer plus de 250 000 $ en avocat doit pouvoir servir à quelque chose! Il en va de même pour la finance. Je suis désormais capable d'assurer notre comptabilité, moi qui détestais cette matière à l'université, et de m'occuper aussi de notre marketing. Quand tu n'as pas d'argent pour payer des experts, tu apprends à faire seul. Pas le choix.

J'ai d'ailleurs obtenu, moi aussi, ma licence RBQ dans les quatre critères (santé/sécurité, administration, gestion et exécution des travaux) pour être entrepreneur général avec l'accréditation de la garantie des maisons neuves. Je pense qu'il est important d'envisager tous les scénarios et d'être prêt au cas où.

Le fait de porter plusieurs chapeaux m'a permis d'évoluer en matière d'autonomie. Ces compétences, que j'ai su développer, me seront à jamais un acquis. Sans cet événement, j'aurais sûrement encore tous mes employés, mon bureau et un chiffre d'affaires encore plus élevé, mais aussi le stress qui accompagne la gestion du personnel et celle des dossiers de quinze clients en même temps. Il faut considérer ces épreuves que nous vivons comme des tremplins pour se dépasser. Lorsque la situation s'est produite en 2009, le stress a été difficile à gérer, mais je me disais que si nous ne survivions pas à ce procès, c'est que la vie en avait décidé ainsi, qu'elle avait prévu un autre chemin pour nous. Je savais que nous allions nous relever de toute manière. Comme le dit si bien Paulo Coelho dans *L'Alchimiste*, livre que j'ai beaucoup apprécié : « Ce n'est pas la manière que l'on tombe qui est importante, c'est la façon que l'on se relève ». Exact!

Désormais, nous n'avons plus autant d'employés ni de chantiers. Alléluia!

« *Small is beautiful but big is necessary* », citation de l'économiste ED Schumacher.

Avec notre expérience en construction et en rénovation, nous pouvions faire tous types de travaux. Nous nous sommes donc spécialisés en agrandissement de maison, niche qui combine bien nos connaissances acquises.

En plus, je suis à proximité de mon bureau, et donc, de mes enfants. Je suis plus disponible que je l'étais il y a dix ans et même vingt ans! J'ai l'impression que je pourrais apprendre et réussir n'importe quel travail; je me sens forte et prête à déplacer des montagnes!

Mes ressources et ma théorie de la « spa-thérapie »

Je pense que le fait de travailler avec mon conjoint m'a permis d'apprendre à régler plus rapidement les conflits internes et externes que nous rencontrions. J'aime régler mes problèmes sans tarder. Quand je sens qu'il y a urgence, je n'attends pas le point de non-retour : nous faisons la pause spa. Cela me permet d'évacuer le trop-plein et en échangeant, nous trouvons des solutions. C'est comme notre coin de *meeting*!

Le fait d'évaporer dès que nécessaire me permet de continuer à avancer pour reprendre mes esprits et mieux me focaliser.

C'est sûr que c'est plus facile à dire qu'à faire, et surtout moins risqué quand on s'aime!

Être associée avec mon mari, c'est du sept jours sur sept, 24 heures sur 24, alors je ne peux traîner des ennuis. Je me dois de trouver des solutions pour les régler, qu'il s'agisse d'un problème avec des clients, des employés ou des partenaires. Il ne faut pas étirer les situations conflictuelles, car ce à quoi l'on fait face s'efface et ce que l'on fuit nous suit. C'est ma devise! Nous ne pouvons changer ce qui est déjà arrivé. J'ai une famille. Je dois *performer* et trouver des solutions pour aller de l'avant sans tomber dans la noirceur ni la déprime. Si le Bon Dieu m'envoie ces épreuves, c'est que je suis capable de les surmonter.

Comme le dit si bien Marc Aurèle : « Puissé-je avoir la sérénité d'accepter les choses que je ne peux changer, le courage de changer les choses qui peuvent l'être et la sagesse d'en connaître la différence. »

Garder notre point de mire sur nos objectifs et bien s'entourer sont deux autres stratégies qui m'ont grandement aidée. Il faut prendre le temps de réfléchir et de respirer. Je suis de plus en plus à l'écoute de mon intuition. Je constate que cette fameuse petite voix que l'on entend, mais n'écoute pas me rend de plus en plus service. Je prends le temps de capter cet appel intérieur. J'ai la foi. Chacun nourrit sa propre croyance. En plus de croire en moi, en ma force intérieure, je me sens aidée par différentes sources que j'appelle : mon étoile, mon ange, mon

Dieu, mon énergie divine, ma Maître Reiki. Tous me guident. Mon homme, mes enfants, ma mère, mes frères et sœurs de même que mes amis croient en moi. Tous nous ont soutenus et accompagnés dans nos moments difficiles afin que nous nous en sortions. Être bien entouré et aimé constitue une ressource inestimable!

Lorsque j'ai vécu, à l'âge de 27 ans, ce grand stress avec mes patrons puis l'épuisement qui s'en est suivi, j'ai pris la décision de m'occuper de moi. Je n'avais pas de famille au Québec, alors celle que j'étais en train de créer allait devenir mon ancrage pour me solidifier. Je me suis intéressée aux médecines alternatives, comme la biologie totale. Selon Claude Sabbah, tant qu'un choc vécu sévit sur le plan psychologique, le problème n'est pas biologique. Mais si nous restons en sur-stress permanent, celui-ci peut le devenir et se loger dans notre corps. Ainsi, notre corps s'exprimera par la maladie, affectant l'organe en lien avec la tonalité de notre stress et de notre ressenti. Vous comprenez maintenant pourquoi je souhaite régler les problèmes rapidement?

J'ai compris que mes ressentis non exprimés pourraient avoir des répercussions néfastes sur ma santé. La maladie n'étant pas une option, j'ai donc suivi plusieurs formations et ateliers[18] en médecine chinoise, en coaching, en biologie et autres. Je suis toujours à l'affût afin de nettoyer mon mental de situations négatives qui pourraient nuire à mon bien-être.

---

18   C. Sabbah, JP Brébion, M. Fréchet, G.Athias, G. Lahy, Thibault Fortuner, Claude Vallière, Julie Lemieux, JP Brébion, C.Rainville, J.Martel, Shapiro et Isabelle fontaine.

De toute façon, comme dirait Wayne Dyer : « Vous ne pouvez pas toujours contrôler ce qui se passe à l'extérieur, mais vous pouvez toujours contrôler ce qui se passe à l'intérieur. »

Pour beaucoup de gens, le stress est considéré comme néfaste pour la santé, et c'est vrai. Mais lorsque nous apprenons à composer avec le stress et que, malgré les difficultés et l'adversité rencontrées, nous arrivons à nous développer et à survivre, il s'avère un atout redoutable. Au fil des ans, mon stress m'a permis de devenir résiliente et m'a rendue plus forte et plus sereine pour l'avenir.

Nos barrières doivent nous amener à un autre niveau de conscience. Après mon arrêt de travail, un horaire allégé m'a permis de prendre du recul sur ce que je venais de vivre. De même, j'ai pu voir mes enfants plus souvent, prendre un chocolat avec eux, les assister dans leurs devoirs. En somme, j'ai pris le temps de me reconnecter à moi-même.

Cette persévérance que j'ai en moi, que l'on peut qualifier de résilience, me donne ce courage dont nous avons tant besoin en affaires et qui favorise notre développement en dépit de l'adversité.

Mes alliés

Dorénavant, je suis plus reconnaissante à l'endroit de la vie; je la remercie. J'ai compris aussi l'importance d'être bien entourée de personnes aimantes. Je vis désormais dans la possibilité d'aider mon prochain et je suis dans la conciliation et non l'affrontement. J'ai eu la merveilleuse chance d'avoir un mentor, Mario, qui m'a grandement conseillée pour nos enjeux financiers afin que nous passions à travers ces périodes de manque d'argent.

Prendre quelques minutes pour téléphoner à ma mère en France représente une autre de mes ressources. Elle aussi a vécu des épreuves : le cancer, l'Alzheimer de mon papa et plus encore. Lorsque nous vivons des problèmes d'argent, cela n'implique souvent que du matériel. Nous devons relativiser, prendre quelques bonnes respirations. Le livre de David Servan-Schreiber, *Guérir,* se veut une lecture pertinente pour trouver des moyens de se ressourcer. Il m'a ouvert l'esprit. La santé est bien plus précieuse que l'argent! En ma maman, je trouve cette force nécessaire. Quand l'une de nous deux a besoin d'un remontant, le fait de se parler nous aide. L'effet « cocotte-minute » : il faut parfois évacuer la pression pour ensuite être à son meilleur.

Une santé perdue est plus difficile à reconquérir que du matériel. En ce qui me concerne, il est plus stressant d'avoir des problèmes de santé que des problèmes d'argent, alors quand on se compare, on se console.

Avec le temps, nous trouvons des façons de nous requinquer pour repartir de plus belle.

Lorsque j'ai le goût de baisser les bras, je téléphone à ma mère. Après, ça va mieux.

C'est Aristote qui a écrit : « Se connaître est le début de toute sagesse. » Vous comprenez combien il est important de s'en remettre à des ressources externes comme nous l'avons fait.

Assez souvent, aussi, je fais appel à ma Maître Reiki, en France, qui m'apporte l'énergie afin que le meilleur se concrétise pour nous. Je me souviens d'avoir été rappelée par un client alors que la veille, il avait choisi de faire affaire avec notre ancien vendeur! Merci pour cette aide précieuse, Bernadette.

Maintenant, je me sens plus zen. Je considère faire du bien autour de moi, apporter de la joie, du bonheur à mon entourage. Je stimule les autres et les aide. Je suis sans cesse sollicitée et débordée par tous les chapeaux que je porte, mais je prône une attitude positive, souriante, et me montre disponible pour les autres.

Depuis ces événements, je me suis impliquée dans des comités. Ce qui me permet de me sentir moins seule, d'échanger avec d'autres entrepreneurs, d'apprendre d'eux. S'entraider. Cette puissance que nous obtenons en nous regroupant, c'est nourrissant!

Les gens savent qu'ils peuvent toujours compter sur moi, que je ferai ce que je peux pour aider. C'est dans ma nature, même quand je n'ai pas le temps.

Je crois sincèrement que lorsque notre cœur est bon, la vie est généreuse avec nous, et ce, malgré les embûches. Après chaque épreuve vécue, il faut être conscient qu'une plus belle vie nous attend, et je n'ai rien à envier à la vie des gens qui m'ont occasionné des problèmes.

Je suis tellement reconnaissante d'être accompagnée de trois merveilleux enfants, de jeunes adultes épanouis, beaux, respectueux et ambitieux. Mes entrailles, mon pouls, ma force!

J'éprouve toujours autant d'amour pour mon époux, avec qui j'ai traversé toutes les tempêtes et su rebondir. Certes, de multiples heures de spa et quelques coupes de vin nous ont été nécessaires, mais le bonheur, c'est aussi ça : savourer les moments privilégiés avec des gens précieux à nos yeux.

Certains se motivent en écoutant de la musique, d'autres en prenant un café. C'est mon cas, avec ma fille et mes amies proches, comme quand j'étais en France avec ma maman. Chacun doit trouver l'énergie nécessaire pour se donner le courage de surmonter les épreuves de la vie et se procurer la force de continuer son chemin.

Dans l'épreuve, nous apprenons. Nous n'avons pas le choix. Par ailleurs, il faut apprendre rapidement, car si nous ne sommes pas alerte et agile comme un chat, c'est vite la fin!

J'ai foi en la vie. Ayez confiance en vos capacités et mettez-les à contribution! Après tout, nous méritons tous le bonheur.

Florence Duhamel

Sophie Lavoie

Auteure, romancière
Cofondatrice de : *Un chapitre à la fois*
www.unchapitrealafois.com
sophie@unchapitrealafois.com

Sophie naît le 5 octobre 1968 à Laval. Elle grandit sur une vaste terre agricole où les scénarios dramatiques, omniprésents, servent à contrer un travail routinier qui consiste à arracher les mauvaises herbes et à cueillir des tomates.

Rapidement elle se lasse des bancs d'école pour entrer sur le marché du travail à l'âge de 17 ans. Sophie choisit ensuite de terminer ses études en marketing par des cours offerts le soir, et ce, durant treize années. Ce qui lui permet d'occuper des postes de vente et de marketing auprès de multinationales dans le domaine de l'alimentation.

En 1999, à l'arrivée de sa première fille, elle abandonne la fin de son certificat à l'université pour être plus présente à la maison. À la naissance de sa deuxième fille, dix-neuf mois plus tard, sa mission de vie commence à se dessiner et cela lui prendra douze ans d'approfondissement pour accepter qu'un nouveau cycle de vie débutait.

Elle se consacre aujourd'hui à sa passion pour l'écriture ainsi qu'à l'accompagnement de futurs auteurs dans le monde de l'édition.

Sans concession

*S'il veut être en paix avec lui-même,
un musicien doit faire de la musique,
un peintre peindre et un écrivain, écrire.*

— Abraham Maslow

L'univers de la synergologie

Septembre 2015, tous les invités sont là. Cocktail dans une main, canapé dans l'autre, ils ont l'air de s'amuser et attendent les deux conférences en lien avec le monde des affaires. En faisant le tour des invités, je prends conscience que je n'ai pas de plaisir. J'aimerais les connaître davantage, mais c'est impossible. Je dois voir à ce que tout soit parfait avant de me lancer à 18 h 30. Pas le temps de prendre une bouchée, surtout pas un verre de vin si je souhaite garder le contrôle. J'ai juste envie de pleurer. Je me sens seule. En vérité, je suis seule à combattre le duel qui se joue dans ma tête. Ma voie est l'écriture et me voilà encore une fois à contourner ce chemin, car il ne paraît pas prospère aux yeux de ceux ou celles qui veulent me protéger. J'ai du mal à respirer. Je sors prendre une grande inspiration, remplir mes poumons d'air frais, me convaincre que tout ira bien, puis je reviens pour prendre ma place sur la scène. Je dois animer une conférence sur le langage corporel en affaires. Je suis consciente de ce sourire déguisé sur mon visage. Cette émotion de tristesse passe si vite sur le visage qu'elle devient invisible aux yeux de plusieurs... sauf un synergologue.

Sous un éclairage tamisé, je débute mon exposé devant un auditoire de deux cent vingt entrepreneurs. Tous les yeux sont rivés sur moi, mais je ne vois rien. Une partie de moi n'est pas là. Tout en improvisant un discours pourtant appris par cœur, mon cerveau calcule la façon dont j'acquitterai, avant de partir d'ici, la somme de 7 000 $... que je n'ai pas.

Dans mon for intérieur, je sais que j'aurais dû écouter la petite voix qui me disait : « C'est irréaliste d'organiser seule un événement d'une telle envergure. » Pourtant, l'intérêt y était; les billets s'envolaient rapidement. Tout compte fait, je n'avais pas établi le bon prix considérant la somme de bénéfices que les invités en retireraient : un cocktail, des bouchées, un livre, des prix de présence et deux conférences, dont une avec une icône de l'entrepreneuriat au Québec. Je l'ai fait pour me faire connaître; une entrée remarquable! Je me suis tenue droite et j'ai honoré la promesse faite à ces deux cent vingt entrepreneurs.

Après cette conférence, mon cerveau s'est éteint. J'ai continué sur le pilote automatique. La conférencière invitée a livré, elle aussi, un discours remarquable. Je ne me rappelle plus à quel moment j'ai perdu le contrôle avant de lui céder ma place pour le reste de la soirée. Dans ma tête, une seule phrase repassait en boucle : « Lâche prise, tout va bien aller. » Voilà! Mission accomplie! Maintenant, laissez-moi brailler tout le week-end!

Si se recroqueviller sur son canapé ne règle rien, ça aide toutefois à se protéger. Par chance, j'avais le week-end devant moi pour trouver une solution, car tout entrepreneur en démarrage comprend vite que pendant ces deux jours, les banques sont fermées. En réalisant que les 4,25 $ restants dans mon compte sont protégés jusqu'au lundi matin, je repense aux multiples échanges négatifs de l'avant-veille : intimidation, menaces de saisie, perte de ma maison, remise de mon véhicule. En vérité, cet événement m'aura coûté 16 000 $. Aïe! Comment fait-on pour garder la foi après un torrent pareil?

C'était le moment idéal pour revenir en arrière et repartir d'où j'avais échoué ma carrière d'entrepreneure. Me trouver une « vraie job » était l'avenue la plus intelligente dans le *Grand Livre de la Vie,* mais pas pour ma vie. Mon événement a eu lieu à la fin du mois de septembre 2015, et je devais déménager le 8 novembre sans savoir où, sans solvabilité... et l'aventure ne faisait que commencer. Je passais d'un luxueux cottage à un modeste appartement quatre et demie.

Pourtant, j'avais reçu tant d'éloges les jours suivant cet événement, et encore aujourd'hui. Je ne comprenais pas pourquoi. Pour tourner le fer dans la plaie, j'entendais fréquemment ce commentaire : « Tu es une femme authentique! » Ah oui? Le message que je souhaitais passer allait dans ce sens, mais moi, je ne me sentais pas vraie. Ce message m'était donc dédié. Mon corps me parlait et je ne l'écoutais pas.

Si j'avais acquis beaucoup d'humilité, de sagesse et de prudence, j'avais aussi perdu un peu de ma spontanéité et de ma joie d'être une entrepreneure. Toutefois, ma confiance demeurait intacte. Tant mieux, parce qu'il me restait beaucoup à apprendre.

Dix ans auparavant...

Lorsque j'ai quitté mon emploi, en 2005, mon souhait était de travailler de la maison afin d'être présente auprès de mes filles, âgées de 5 et 6 ans. Dans ma tête, il était inconcevable que je travaille à l'extérieur et qu'elles aillent à la garderie après l'école. Mes filles n'ont jamais aimé se faire garder et cela me brisait le cœur. Mon besoin de liberté se faisait de plus en plus grand; quelque chose était en train de changer en moi. J'en étais rendue là, à cette croisée des chemins où j'avais le choix de continuer de me fondre à la masse ou de prendre ma place. Je voulais tant découvrir ma plus grande passion, ma mission de vie, qu'on me l'a servie sur un plateau d'argent, mais sans le manuel d'instruction!

Demandez et vous recevrez; je ne crois pas que ce principe ait été le déclencheur de ma nouvelle vie. Le chemin se dressait là, tout ce temps, attendant que je sois prête à le parcourir. Si bien que l'écriture est entrée dans ma vie au printemps de l'année 2007. Avant cette période, les scénarios vivaient dans ma tête, ce qui me permettait de briser la routine. Jamais il ne m'avait traversé l'esprit que je puisse les coucher un jour sur papier.

Un samedi, alors que mes deux petites puces passaient le week-end chez leur père, j'ai fait un rêve. Je m'en souviens comme si c'était hier. J'avais l'habitude d'écrire mes rêves le matin, par besoin d'analyser ce que je vivais la nuit. Ce matin-là, je me suis réveillée en pleurant. Une douleur me transperçait le cœur. Je suis demeurée étendue dans mon lit à pleurer pendant trente minutes avant de reprendre mes esprits. J'ai tout de suite commencé à résumer ce rêve, dans lequel une femme devait revenir chez elle après une rencontre inoubliable en Provence. C'est à ce moment que j'ai découvert un nouveau monde : l'univers de l'écriture. J'ai écrit durant les deux jours suivants en prenant de petites pauses rôties-au-beurre-d'arachide-et-salle-de-bains. Le dimanche soir, j'ai refermé mon ordinateur portable et me suis mise au lit. Je devais me préparer à entamer une nouvelle semaine, un quotidien rempli de belles responsabilités de mère. Une semaine pas comme les autres, où je me voyais assise sur la chaise du producteur pendant que les caméras tournaient le scénario que je venais d'écrire.

Depuis ce jour, mes personnages ne m'ont jamais quittée. Le plus difficile a été d'accepter cette nouvelle réalité et de savoir comment l'ajouter à mon quotidien. La résilience a toujours fait partie intégrante de ma vie. Le jour, je travaillais pour une multinationale à dresser des bilans, à traduire des présentations marketing, à analyser des objectifs et à compiler des ventes. J'allais chercher mes filles à l'école pour le dîner et après les classes. Aussi, j'écrivais durant mes temps libres : le matin avant le réveil de mes enfants et le soir dès qu'elles se mettaient au lit. Je traînais avec moi un cahier de notes. L'inspiration se présentait à moi soit la nuit, soit dans la voiture ou encore sous la douche. Elle me suivait partout où j'allais. Si, auparavant, je savais doser les scénarios, désormais, ils contrôlaient ma plume.

En fait, certains scénarios se jouaient devant moi. Ce que j'écrivais la veille se produisait dans la vraie vie, le lendemain ou la semaine suivante, soit à travers les actualités ou par l'entremise d'une personne. J'avais décrit, à la séquence près, une scène de crime à Montréal. Lorsqu'elle m'est apparue dans les journaux le lendemain, je me suis posé de sérieuses questions à savoir si je n'avais pas un don quelconque. Au fil des jours, je me suis habituée à ce que mon intuition soit fine et j'ai accepté cette nouvelle condition. Je devais taire ce secret afin de ne pas me faire interner en psychiatrie. Avec une vie parallèle comme celle-là, plus les jours avançaient, plus j'avais de la difficulté à effectuer mon travail convenablement. Produire une analyse des ventes demandait toute ma concentration et je m'épuisais rapidement. Je pouvais jongler avec l'écriture de trois romans et faire évoluer l'histoire avec fluidité, mais j'arrivais à peine à rédiger un courriel de trois lignes pour expliquer un sujet d'ordre corporatif.

La passion qui dévore

Bon an mal an, je réussissais à travailler en trouvant le temps d'écrire. Mais en 2014, la vie m'a apporté son lot de questionnements. La passion de l'écriture était omniprésente et je n'avais pas les moyens d'écrire à temps plein pour vivre de ma plume. Le travail de bureautique par correspondance comblait mes besoins financiers, mais je n'avais plus de plaisir à le faire. J'ai alors suivi mon instinct, puis j'ai fondé *Un chapitre à la fois.* Je souhaitais me consacrer à l'écriture et tout faire pour que mes romans se retrouvent entre les mains de mes lecteurs. Avec *Un chapitre à la fois*, je publierais un chapitre par jour pour me faire connaître tout en continuant de travailler, mais cette fois-ci, à temps partiel.

Comme les factures ont vite eu raison de moi, je devais trouver un plan B. Les gens de mon entourage ne cessaient de me dire que je dormais sur une mine d'or et que je devais offrir de la formation sur le langage non verbal. J'ai adoré ma formation en synergologie, cette méthode d'analyse de l'individu, mais pas pour en faire mon métier. Cet art, je le maîtrisais et il me servait essentiellement dans mes relations interpersonnelles. Cela dit, des questions et des doutes subsistaient : « Pourquoi pas? Et si j'arrivais à amasser assez d'argent pour financer la plateforme d'Un chapitre à la fois? » J'ai donc monté un programme de formation en ligne comprenant treize modules, des exercices pratiques et des bandes vidéo. Il m'a fallu trois mois pour recueillir l'information, un mois pour l'assembler et un autre pour enregistrer un tutoriel. Mon objectif était de créer un module par jour. Je l'enregistrais lorsque mes filles étaient à l'école et réunissais les images et les textes avec ma voix afin que tout fonctionne bien. Je travaillais plus de quatorze heures par jour. Je me couchais le soir avec la nausée, emportée par la fatigue. Je n'avais plus le temps d'écrire, ce qui jouait sur mon moral.

Tout ce temps, mon instinct me parlait très fort. L'écriture constituait ma voie et je déraillais. Je ne cessais de me répéter que cette situation n'était que temporaire, qu'il fallait que je suive un peu plus les conseils des autres et arrêter de n'en faire qu'à ma tête. Avec ces modules de formation en ligne, je répondrais à un besoin légitime chez tous ceux qui souhaitent des échanges de qualité avec leurs interlocuteurs. Les sondages étaient favorables; une soixantaine de personnes avaient hâte que j'aboutisse.

Mon travail achevé, les treize modules fonctionnaient et n'attendaient que leur mise en ligne. J'avais planifié mon tunnel de ventes : les réponses automatiques, le bon déroulement en ligne, l'intégration des modules et le suivi. En fin de compte, deux personnes ont acheté cette formation : ma mère et ma sœur. Pour me remercier de tous ces efforts, mon corps m'a offert une bonne grippe. Le cerveau en bouillie, je suis demeurée clouée au lit pendant quatre jours. Entre mes périodes d'agonie mentale, j'arrivais à réfléchir et à comprendre que je n'avais pas écouté ma petite voix, celle qui ne voulait pas développer mon entreprise sur le langage non verbal. Je souhaitais écrire, tout simplement. Le problème, c'est que je m'en remettais encore au jugement des autres. Mais voilà, peu d'auteurs québécois vivent de leur plume et, de surcroît, je n'étais pas connue. Comment peut-on devenir écrivain du jour au lendemain? J'avais encore bien des croûtes à manger, même si ma relation avec l'écriture était magique. Pourtant, j'ai souvent lu que lorsqu'on ouvre la bonne porte, le chemin se déploie devant nous. Avais-je une si faible estime en mes capacités littéraires? La réponse était non. S'il y avait bien une chose en laquelle je devais garder la foi, c'était sur la façon dont je m'y prendrais pour faire connaître mes romans. J'allais trouver une solution pour financer *Un chapitre à la fois*. Lorsque je demandais conseil, on me répétait encore que le domaine du langage non verbal m'apporterait ce dont j'avais besoin pour financer mes romans.

Était-ce moi qui avais de la difficulté à reconnaître ce que les autres voyaient? Ma formation en ligne était prête, je devais seulement revoir mon plan de match. Je me suis dit « Pourquoi ne pas essayer une dernière fois? » Tout mon entourage l'admettait : « C'est payant, les formations et les conférences sur le langage non verbal! » Cette fois-ci, je n'ai pas manqué mon coup pour me faire comprendre que cette voie n'était pas la mienne.

L'intuition… plus forte que la raison

Les jours qui ont suivi cette fameuse conférence de septembre 2015 ont été pénibles, et le mot est faible. Si j'avais pu m'enfuir avec mes filles dans un autre pays, je l'aurais fait. Malheureusement, je ne suis pas comme ça. Il aura fallu que je perde ce que je possédais en biens matériels pour réaliser que je cultivais tout ce qu'il y avait de plus précieux en moi : l'inspiration. Personne ne pouvait m'enlever ce que j'avais écrit. Personne ne pouvait m'enlever ce don qui m'habitait de communiquer facilement avec mes personnages. Ce n'est pas tant l'endroit où nous vivons, mais la place que nous laissons à notre essence qui nous permet d'avancer dans la bonne voie. C'est donc dans mon quatre et demie, avec une étincelle d'espoir, que j'ai enfin fait imprimer mon premier roman. Comme le roman original de quatre-vingt-quatre pages en comptait maintenant mille, j'ai choisi de le séparer pour en faire une trilogie.

Emballée, j'embarquais à pieds joints dans le monde de l'édition. Un monde fascinant où il est facile de se perdre. S'il y a une chose que j'ai comprise aujourd'hui, c'est de ne pas se fier aux apparences. Quand un auteur est réputé, il passe partout. Vous pouvez écrire une œuvre incroyable, si vous n'êtes pas assez connu, on ne peut rien pour vous. Par chance, j'ai étudié le marketing et travaillé auprès de multinationales qui débloquaient de généreux budgets pour les lancements de produits. Pour faire connaître un produit, tout comme un livre ou un auteur, un budget marketing demeure essentiel. Certes, quelques auteurs ont leur bonne étoile, mais cette situation arrive rarement et plusieurs attendront longtemps avant que l'astre en question n'illumine leur parcours. La meilleure étoile, c'est le lecteur qui aimera suffisamment votre histoire pour la partager à un ami, à un parent ou à un collègue qui, à son tour, répandra la bonne nouvelle.

La première impression de mon roman m'a coûté 23,45 $ par exemplaire. Il comptait 471 pages. Des maisons d'édition, la réponse que j'obtenais le plus fréquemment concernait le nombre de pages : « Votre roman est trop volumineux. » Un peu têtue, je ne voyais pas comment ni où je pouvais couper dans l'histoire. En constatant le prix de la soumission, je comprenais leur réticence à vouloir le publier, mais je l'ai fait quand même. J'ai fait imprimer cinquante exemplaires et ils se sont tous envolés. Mes lecteurs dévoraient mon œuvre et attendaient avec impatience le deuxième tome. Celui-ci comptait 386 pages et me coûtait environ 11,00 $ par exemplaire. Ils se sont tous vendus également. Malheureusement, je n'avais pas le budget nécessaire pour le marketing. Lorsque nous publions à compte d'auteur, notre livre n'entre pas en librairies. Celles-ci doivent passer par un distributeur. Quoi qu'il en soit, les distributeurs ne font plus affaire avec des auteurs autonomes. Encore une fois, si nous ne disposons pas de budget marketing pour nous faire connaître à travers le réseau du livre, nous devons être créatif.

Je n'ai pas de problème dans ce domaine. Advienne que pourra, j'allais monter mon plan d'affaires pour faire valoir, auprès d'investisseurs, ma vision concernant *Un chapitre à la fois*. Une plateforme genre *Netflix*, mais littéraire. Les gens devraient s'y abonner pour lire des séries et des films au lieu de les regarder. Cette méthode favoriserait la lecture pour les jeunes. Puisqu'ils ont tous un appareil mobile greffé à leur main, pourquoi ne pas éveiller leur imaginaire au lieu de les laisser regarder des vidéos vides de sens? Pour cela, il me fallait des auteurs, beaucoup d'auteurs, et des histoires, beaucoup d'histoires. Personne ne croyait en ce projet et je n'avais pas les capacités financières pour créer le site Internet sans investisseurs. Le projet demeurait donc sur la glace. Pendant ce temps, j'ai moi-même écrit plusieurs séries littéraires qui verraient le jour au moment opportun.

Rien n'est jamais perdu. Les idées vont et viennent et certaines sont captées au passage. En outre, le moment idéal pour écrire est difficile à trouver. C'est là, maintenant que ça se passe, pas demain, pas la semaine prochaine, surtout pas durant les vacances en famille. Je n'ai jamais manqué d'audace et c'est probablement ce qui m'a sauvée. Au fil des ans, j'ai rencontré des personnes extraordinaires, chacune spécialiste dans un volet de l'écriture pour m'aider à évoluer. Comme le chanteur travaille sans cesse sa voix, j'ai pu raffiner ma plume et améliorer ma grammaire. Si j'ai cette facilité à écrire des romans qui captent l'attention de mes lecteurs, mon coach en créativité littéraire a lui aussi un plaisir à me faire réfléchir à l'angle et au fil conducteur de mes histoires.

Pour dire vrai, la plus grande embûche que je rencontrais chaque fois que j'effectuais un pas de plus était l'ego; vouloir tout faire seule. La liberté étant l'une de mes valeurs fortes, je ne pouvais pas céder mes droits intellectuels. C'est ce que je croyais, jusqu'au jour où j'ai rencontré mon associée. Elle a cru en moi et surtout, elle partageait ma vision. Ensemble, nous avons donné une mission à *Un chapitre à la fois* pour démocratiser le monde de l'édition. Nous avons jumelé nos compétences et depuis, un pas à la fois, nous suivons le chemin qui nous est désigné.

Enfin, j'ai ouvert la bonne porte! Mes romans seront lancés officiellement au printemps 2019 avec une belle série d'autres livres. De 2014 à 2018, je suis déménagée plus de cinq fois. Certes, j'ai perdu tous mes repères quant à la sécurité qu'un foyer peut offrir, mais un pas à la fois, je suis en train de me reconstruire et d'honorer ma passion, surtout ma mission.

J'exerce un vrai travail, et celui-ci consiste à écrire et à éditer des livres pour *Un chapitre à la fois,* et ce, sans concession!

Sophie Lavoie

Mélanie Sauvé

Conseillère en orientation et animatrice
en journal créatif
Fondatrice de : Mille et un projets
www.milleetunprojets.wixsite.com/-mee
milleetunprojets.mee@gmail.com

Mélanie Sauvé est titulaire d'une maîtrise en éducation, volet orientation scolaire et professionnelle, de l'Université du Québec (Montréal), ainsi que d'un DEC en tourisme du Collège Montmorency (Laval).

Elle travaille comme conseillère en orientation et projets spéciaux à l'étranger, chez *Mille et un projets*, une entreprise qu'elle a mise sur pied en 2014. Ayant à cœur le désir de sortir des sentiers battus afin de proposer des services novateurs et créatifs dans son domaine d'expertise, elle se perfectionne actuellement à la maîtrise en arts-thérapie à l'Université du Québec en Abitibi-Témiscaminque (Montréal) et s'est enrichie, en 2017, d'une formation d'animatrice certifiée en journal créatif à l'École le jet d'Ancre (Granby).

Elle offre dorénavant des ateliers créatifs divers afin d'aider les gens dans leurs transitions de vie personnelle et professionnelle, ainsi que dans leurs difficultés liées au stress et à l'anxiété, en les amenant à trouver des solutions alternatives et créatives par l'entremise de l'art. Elle s'intéresse à l'humain dans toutes ses différences, de son fonctionnement à ses capacités d'adaptation multiples jusqu'à sa philosophie.

Colorée par plusieurs voyages, notamment à caractère humanitaire, Mélanie est membre fondatrice, depuis quatorze ans, du conseil d'administration de la *Maison de Kamu,* un organisme d'aide pour les jeunes filles en difficulté au Pérou. Elle se dit artiste de la vie et se décrit comme une personne écoresponsable, impliquée dans le mouvement communautaire et animée par l'économie sociale. Ce qui l'amènera, en 2018, à l'ouverture dans son milieu d'une *Ruche d'Art*, issue du réseau national du même nom (*Ruche d'Art/Art Hives*).

Depuis son jeune âge, elle se passionne également pour l'écriture et verra naître ses premières créations littéraires publiques au cours de la prochaine année.

Mon chemin vers l'équilibre

Devant l'immensité des chemins possibles, je choisis celui
qui n'existe pas encore, celui qui se trace maintenant
sous chacun de mes pas, au rythme de mon cœur
qui bat et de mon souffle qui lui inspire sa liberté.

— inconnu

J'ignorais qu'un jour, je deviendrais mon propre patron, mais cette possibilité croisait déjà les méandres de ma personnalité. S'il faut parfois reconstruire les apprentissages de notre enfance pour comprendre l'essentiel, je savais qui je voulais devenir. Ce sentiment de liberté m'a côtoyée dès l'enfance et continue de circuler en moi, mais parfois accompagné de peurs passagères.

Les options professionnelles s'avéraient évidentes : soit je dénichais les circonstances et l'endroit parfaits pour m'épanouir, soit je les créais moi-même. Simple, mais pas tant à la fois. Si j'ai manqué de confiance par moments, j'ai toutefois nourri l'espoir qui gardait la flamme de mes rêves allumée. Je persévérerais malgré les détours probables, car cette route vers où j'allais s'inscrivait déjà quelque part en moi.

J'ai dû patauger dans plusieurs eaux, apprenant à nager avec les courants en place, mais quand je me laissais flotter un instant, je voyais bien que je me dirigeais sans conteste ailleurs, vers cet endroit dans ma mire. J'avais néanmoins négligé mes peurs. Ces peurs que l'âge adulte inflige souvent et qui sont si futiles lorsque nous sommes jeune. Sans doute parce que nous oublions simplement que la vie n'est qu'un jeu, après tout. Les enfants savent être et jouer. Heureusement, la vie offre ce don de l'apprentissage, qui nous fait la leçon parfois pour nous rappeler que tout ce qu'il y a à savoir d'important, nous le savions déjà enfant.

Si, quelque part, nous ressentons tous un jour ou l'autre le besoin de nous allier à un mentor qui nous guidera vers ce que nous voulons ÊTRE, je maintiens que le meilleur conseiller demeurera celui que nous hébergeons en nous. Les autres sont toutefois inspirants et permettent à notre mentor interne de grandir. Grâce à lui, j'ai développé une vision positive, une capacité à transformer ce qui est et une facilité à sauter très haut pour m'éloigner des zones plus sombres et du tourbillon des peurs.

Pour moi, la résilience prend sa source de ce fil conducteur au fond de soi qu'il faut alimenter de l'intérieur. En acceptant son invitation à le parcourir et à y injecter de l'énergie, il nous guide toujours, en échange, dans la bonne direction : la nôtre.

Chaque passage de notre vie témoigne donc de cette manière à laquelle nous arrivons à émerger d'un état à un autre pour retrouver l'équilibre. Mes sauts à pieds joints et mes transitions, autant personnelles que professionnelles, m'auront appris que je pouvais non seulement rebondir aisément, mais aussi que je savais voir les choses autrement, avec un regard inhabituel et non-conformiste. Mon équilibre intérieur s'est solidifié de ces expériences, me ramenant toujours à l'essentiel : être moi, authentiquement, sans compromis.

Le maître du jeu, c'est nous, pas vrai?

Voici, dans une expression libre et avec un amusement certain, les grandes lignes reconstituant en *flashback* les cinq personnages qui colorent mon univers, l'accompagnent, et me permettent de porter fièrement le chapeau de la résilience.

Les cadeaux de l'enfance, quelle merveille!

La **MAGICIENNE** en moi. Je devais avoir cinq ans lorsque j'ai déterré un mystérieux bijou dans la cour de notre voisin. Il s'agissait d'un médaillon pendentif sorti tout droit d'une autre époque. Un élan de conviction en l'existence de la magie s'est introduit en moi. Mon imaginaire d'enfant tenait la preuve que ce que les livres et les histoires racontaient était vrai, que l'on pouvait trouver des trésors et braver le temps. J'étais peut-être une princesse et un jour, je trouverais le prince qui mériterait d'afficher sa photo dans le couvercle protégeant ce médaillon en or. Cette année-là, à la maternelle, j'ai croisé pour la première fois celui qui deviendrait mon partenaire de vie quinze ans plus tard dans une autre ville, une autre vie, et qui poserait sa photo contre la mienne.

L'**ARCHITECTE** de mon univers en devenir. Un des plus beaux souvenirs de mes jeux solitaires découle de cet acharnement à construire des maisons. Je pouvais dessiner des plans 3D, tout comme enjoliver des façades à l'aide de crayons de couleur. S'ensuivaient des constructions réelles avec des matériaux inédits, comme des couvertures, des chaises et des épingles à linge. Puis l'élaboration de plans grands formats sur la pelouse de mon terrain à l'aide de murets de feuilles mortes, inspiration de l'imaginaire dans un élan de la nature. Des chefs-d'œuvre, rien de moins! Depuis cette époque, je crée mes univers.

La **GUIDE** de mes changements de cap. Monter aux arbres était une passion remplie d'interdits, de peurs, de défis et de précautions. Grimper ou non? Braver ou non? Risquer ou non? Se blesser ou peut-être pas! Incertitudes d'adrénaline menant au sommet de tous les points de vue. Une fois réfugiée sur une branche accueillante, le calme se réinstallait en moi. L'ensemble de l'ascension et les émotions traversées durant la grimpe me procuraient une vision de recul dynamisante. J'ai appris que regarder de haut ou avec un certain recul me permettait de mieux observer la route à prendre.

La **DÉFRICHEUSE** de mes sentiers insoupçonnés. Glisser en ski de fond, à vive allure, les pommettes rougies par le froid, me remplissais de buts à atteindre. Plus loin, plus vite, me prouvant que sans même la sécurité réconfortante de mes parents dans les sillons enneigés laissés derrière, je pouvais tracer vers l'inconnu de la forêt la promesse déterminée et confiante de ma réussite. Ouvreuse de chemins, m'invitant d'abord et invitant l'autre à emboîter la glisse, je savais déjà que je pourrais ouvrir mes propres portes et accueillir les autres qui souhaiteraient s'investir dans une même direction, passagère ou non. Tous les voyages sont beaux.

La **SCIENTIFIQUE** du laboratoire humain en « apprend-tissage ». Observer les gens pour comprendre a toujours fait partie de mon être. Chercher sans cesse à tisser des liens entre « causes et effets » m'aura permis de mieux saisir et de doser l'énergie comme monnaie d'échange dans mes transactions relationnelles. Pour ma voisine d'en face, j'incarnais la meilleure amie au monde! J'étais à l'écoute, flexible, amusante, positive et SURTOUT pleine « d'empathie-bienveillante-qui-neutralisel'ambiance-de-sa-modération-réconciliante », arrivant à teinter d'une zone grise les situations, les pôles que représentent les deux côtés de la médaille. Je cherchais sans cesse, expérimentalement, le retour de l'équilibre.

BREF, quand la troisième voisine a aussi voulu que je sois sa meilleure amie et que la chicane a éclaté entre elles dans la cabane nichée en haut de l'arbre, d'emblée, j'ai sorti ma carte de sage négociatrice de la paix. Est arrivée ensuite la nouvelle fille du bout de la rue qui souhaitait trouver en moi la meilleure amie de son nouveau quartier. Le paysage amical se complexifiait à vive allure et me dévoilait, dès lors, une toute petite parcelle de ce qui composerait la toile des grandes relations humaines. Je suis devenue rapidement une araignée fileuse de liens paisibles.

Ces retours en arrière me font réaliser que les années renforcent les racines d'un jeune arbre, mais que le temps les effrite aussi. Notre résistance aux intempéries, comme l'arbre qui devient plus fragile lors de grands vents ou de tremblements de terre, est parfois affectée par la croissance en société.

Pour demeurer au cœur de l'enfant en moi, j'ai créé mon totem : le GRAND Héron. Avec lui, mon arbre intérieur arrive à se tenir en équilibre au milieu des torrents, même sur une seule patte. Il a souvent croisé mon chemin, ce bel oiseau. Une fois, il s'est posé sur un rocher près d'une chute, juste au bas des torrents, simplement à son aise. Ses racines en forme de pattes s'adaptent à tous les types de sols, fuyants comme stables. Ainsi, le GRAND Héron dans mon être demeure un contemplatif de la vie, en équilibre, patient, en attente de son prochain envol assuré.

C'est donc avec un sac à dos bien rempli d'expériences authentiques de l'enfance que je me suis dirigée vers le monde adulte.

En voici quelques extraits, tirés de mon journal intime, d'adolescente à jeune femme.

Mai 1991

Les gens regardent trop derrière. Ils passent un temps fou à se plaindre de tout ce qu'ils n'ont pas fait ou auraient dû faire sans même en arriver à imaginer l'ombre d'un possible. Ils évoquent leurs constats de ce qui est, telle une fatalité de la vie. Je ne comprends pas pourquoi ils n'arrivent pas à voir devant; moi, je vois autrement. Le monde est si vaste de possibilités.

Trop positive? Peut-on réellement l'être trop? Si c'est le cas, alors je serai en OVERDOSE de POSITIVISME toute ma vie : une incurable!

Novembre 1991

Maman me confie qu'elle va quitter papa. C'est un drame, un dénouement qui fera éclater la famille définitivement. Pourtant, il ne s'agit pas d'une « nouvelle » en soi puisque les événements récurrents le laissaient présager à des kilomètres à la ronde.

Moi, je trouve que c'est une excellente nouvelle. Enfin! Il faut assumer ses choix vers son mieux-être, cesser de tourner en rond dans des situations qui nous enlisent, même si ce passage est souffrant. Suis-je la seule à me réjouir de cette annonce? Effectivement, ça ne semble pas faire l'unanimité autour.

Pourtant, nous savons tous que c'est pour le mieux, alors pourquoi ne pas l'admettre? Je ne comprends pas ce jeu, je n'arrive pas à jouer le mélodrame. Le passé m'habite peu, je le quitte facilement comme une couleuvre abandonne sa dernière peau. La récurrence est un cycle qui peut devenir vicieux s'il traîne sans cesse dans les eaux usées du passé.

Mon remède : L'ACCEPTATION à bras ouverts DU CHANGEMENT.

Juillet 1992

Je déteste les expressions toutes faites : « C'est comme ça, c'est tout! C'est ça, la vie. Tu vas t'y faire. On n'a pas bien l'choix! C'est ainsi, on ne fait pas tout ce que l'on veut. Tu vas t'habituer. Ç'a toujours été comme ça, qu'est-ce que tu veux... Tu sais bien, plus ça change, plus c'est pareil. Ne te fais pas d'illusion. Tu rêves en couleurs. Penses-tu vraiment que tu vas y changer quelque chose? »

Accepter son SORT, ça se résume à cela? Comme si le maître du jeu avait lancé les dés pour nous quelque part dans l'univers et tout tracé à l'avance? Si les adultes m'avaient dit ça alors que j'étais enfant, j'aurais refusé de vieillir pour toujours, c'est certain.

Mais puisque je suis grande maintenant, je ferai mieux que ça, je ferai à ma tête, ou plutôt à mon cœur. Ma devise : AUTREMENT, LET'S GO!

Juin 1994

Je reviens de mon premier voyage humanitaire avec l'école. J'en rêvais depuis longtemps. Je suis fière de moi, de ma persévérance en groupe. Je sais maintenant que je peux aller au bout de mes projets en acceptant qui je suis malgré mes peurs.

Ma mère et ma tante écoutent mon récit de voyage avec intérêt et me disent : « Chanceuse, nous aurions bien aimé participer à un voyage du genre, mais dans notre temps, ça n'existait pas ». Et moi de leur demander : « Pourquoi vous ne le faites pas maintenant? » « Bien, on est beaucoup trop vieilles », répondent-elles.

J'ignorais qu'il existait un âge réglementaire, « accès refusé », pour entreprendre ce type de voyage. Je suis saisie par leur réponse. Ces répliques sont souvent spontanées et conditionnées, comme si un seul angle nous amenait à voir les choses. Franchir la frontière pour sortir du cadre reste difficilement envisageable, voire marginal.

L'année suivante, j'organisais mon premier voyage humanitaire en solo. Mon groupe de huit participants comptait deux belles femmes dans la cinquantaine. Comme les autres, elles avaient deux bras, deux jambes, la santé et, en prime, une soudaine envie de réanimer un rêve et de franchir une frontière en dedans.

Dès lors, j'ai compris qu'emprunter des sentiers non battus pouvait ouvrir la voie à d'autres. J'avais pris goût à inviter les autres à SORTIR DU CADRE avec moi.

Septembre 1999

Je retourne sur les bancs d'école. « Encore! » me disent en chœur les autres. Moi, je rétorque : « Youpi! » Me suis-je trompée de branche? Ai-je fait de mauvais choix? Perdu du temps? Non, je ne le crois pas.

J'ai aimé tout ce que j'ai appris et je sais que toutes ces études m'ont servie, me servent déjà et me serviront à définir de mieux en mieux qui je suis : « à ÊTRE, simplement ». Je suis fière des chemins empruntés, même les sinueux. Les regrets ne servent qu'à ignorer l'importance du parcours vécu.

À mon avis, il n'y a pas de bons ni de mauvais choix; il y a le choix, simplement. Dans la vie, je choisis d'ÊTRE.

Notre vie, notre histoire, nous livre ses constats. En tant que maître de soi, maître de son jeu, il est temps d'aborder les règles D'OR, les nôtres, à suivre pour jouer.

2002-2003... N'y aurait-il pas, en réalité, aucune frontière?

Après quelques voyages dans des pays en voie de développement d'Amérique du Sud, et d'autres ailleurs dans le monde, j'ai découvert que les frontières se dressaient dans nos têtes et dans nos inventions d'homme, car l'humain nu de sa société n'en inspirait guère.

Depuis cette prise de conscience, j'ai compris que les mots « ouverture sur le monde », placés les uns à côté des autres, signifiaient davantage un état intériorisé qu'un élan externe. Que lorsqu'à l'intérieur de soi se produit cette vraie ouverture à l'autre et à ce qui est, il n'existe plus qu'un seul pays et il se nomme : le Monde. Une terre riche de couleurs multiples.

Dans mon quotidien, cela signifiait que les frontières existantes représentaient mes propres créations. Lorsque je plaçais une frontière entre moi et les autres, entre ici et là-bas, entre foncer ou m'abstenir, je construisais des barrières imaginaires de peurs, de préjugés ou d'interdits que moi seule avais définies.

Tranquillement, les différences se sont estompées et l'humain est devenu pour moi identiquement nuancé, c'est-à-dire unique, mais semblable à la fois. Du coup, par miracle, la peur de l'autre et de l'inconnu s'atténuait.

RÈGLE #1 - Être sans frontières, en dedans comme vers le monde, un *must*!

2003-2004... L'humain serait-il un magicien?

Cette année-là, j'ai accompli un travail différent et inusité par rapport à ce que j'avais l'habitude de faire. Je savais que j'étais créative, mais cette fois-ci, l'artiste en moi s'est particulièrement révélée. J'ai créé un humain!

À titre de commun des mortels, nous sommes tellement occupés à meubler notre vie d'acquisitions matérielles et de projets grandioses, souvent des plus ennuyeux à mon humble avis, que nous oublions au quotidien notre pouvoir de créer des miracles, tels que donner la vie.

Je suis chamboulée, émue, touchée. Je sais que ma conception des choses changera à partir de maintenant. Je ne pourrai plus vivre et travailler sans m'arrêter quelques instants, tout bonnement, pour me dire : « La vie est extraordinaire, un grand jeu mystérieux, une aventure dont nous sommes les héros et les magiciens. »

RÈGLE #2 - La vie est un WOW! Transmettons la bonne nouvelle à coups de baguette magique!

2004-2005... C'est où, être chez soi?

Redéfinir son espace, installer à nouveau ses repères, replacer ses objets : c'est ça, s'adapter aux changements. Après le douzième déménagement, quelques voyages à travers cela, plusieurs changements d'emplois, c'est presque devenu un jeu d'enfant pour moi que de changer d'endroit où vivre, où travailler.

Pourtant, bien des gens autour de moi n'apprécient guère les changements de lieux et vivent d'énormes stress face à ceux-ci.

Je me suis rendu compte que même ailleurs, rien ne change tant, que même lorsque nous avons moins ou différent, nous sommes encore nous-même. Notre maison n'est pas que le lieu matériel qui nous abrite les jours de pluie et de froid, c'est aussi cette carapace humaine qui protège notre cœur, lui procure un abri.

Je suis, par conséquent, chez moi partout où je vais. Les changements, je les accueille avec flexibilité parce que même s'ils modifient mon paysage, transforment le monde matériel et les gens autour, ils ne changent jamais ma maison en dedans, ce corps formidable qui abrite mon cœur, mon être.

RÈGLE #3 - Ça prend beaucoup plus que le mouvement des grands vents pour déraciner la fondation solidement ancrée d'une maison « carapace-à-cœur ».

2008... Le temps appartient-il à une autre dimension?

Rompre le temps, se faufiler dans un sillon, fixer le moment présent droit dans les yeux alors que les aiguilles de l'horloge continuent leur œuvre, est-ce possible?

Le voyage, l'évasion, permet parfois cette incursion, tout comme la méditation avancée, parait-il! Pour moi, revenir de voyage, c'est être foudroyée par l'immobilité des gens à travers leur temps actif et constater à quel point ce temps s'est dérobé à leur insu. C'est aussi découvrir tout le grand mouvement accompli par le voyage à l'intérieur de soi. Un espace-temps, dans notre vie effrénée, investie à demeurer simplement là, quasi immobile, à respirer la vie.

Faire plus ne semble donc pas être la solution pour sauver du temps et arriver ailleurs, puisque c'est quand je m'arrête que j'en ressens la richesse. Contrôler le temps, le posséder et le remplir se résument à le laisser filer entre nos pattes. Lorsque je feins de l'ignorer, trop absorbée à vivre, je le sens du coup s'étirer, se remplir d'abondance et me donner une bonne leçon de vie.

Bien dit, mais l'Occident sociétal m'emporte souvent à nouveau dans sa course sans but et sans ligne d'arrivée, sinon que la mort. Je m'accroche et m'obstine chaque jour; je comprends que ce n'est que de la fiction, au fond, ce rapport au temps. Je sais éperdument aussi que ne rien faire n'équivaut pas à le perdre. J'ai vu trop de gens le gaspiller, ce temps, à courir dans tous les sens, complètement à côté de leur vie pour ne pas y croire.

RÈGLE #4 – Être le maître de son temps à part entière, c'est se demander de quelle façon, réellement, nous souhaitons le traverser.

Depuis 2011... Notre mission est-elle là où nous sommes, ou là où nous voulons aller?

Ah! Les éternels recommencements, à la recherche du sol parfait où tracer mon « X » pour enfin découvrir que tout ce temps-là, il était en moi!

L'ouverture de mon entreprise, d'abord teintée de plongées frileuses en eaux peu profondes, aura enfin laissé place à la grande et belle traversée, celle qui tatouerait définitivement mon « X » sous la plante de mes pieds.

Mes bons coups et mes épreuves ont exigé que je retrousse souvent mes manches jusqu'aux bretelles pour être fière de mes épaules nues, de plus en plus droites, ainsi que de mes pas de mieux en mieux assurés. Le temps devenu un allié, résultat d'un partenariat durement marchandé, m'a laissée en paix en échange de gratitude à son égard. Ma vision, à partir de mon « X », s'est émerveillée des avenues et des occasions de créer mon monde : voir loin et grand, dans toutes les directions, mais surtout en dedans, dans un point d'équilibre qui ne trahit pas l'ÊTRE.

RÈGLE #5 – Débroussailler continuellement les terres en friche sous nos pieds, c'est retrouver facilement son « X », même en mouvement.

C'est avec mon bagage personnel, ma résilience en poche depuis mon jeune âge, ainsi qu'un brin de poésie bohème et de rêves à l'esprit, que je me suis affranchie à titre de patronne de mon entreprise, poursuivant ma quête avec cette même énergie de vie, celle qui m'aura aidée à braver les obstacles et permis de traverser les montagnes russes d'un continent à l'autre de mon épopée.

J'entrevois la route de la vie comme un tout. Un chemin sinueusement droit, à l'image d'une colonne vertébrale, décorée de part et d'autre de ramifications qui dessinent le passage du temps. Des routes parfois douces et fluides, parfois rigides et rocailleuses, dont le corps seul en témoigne par sa géographie exotique. C'est à travers l'énergie déployée pour animer la vie que s'écrit notre histoire et que nous avançons, et ce, tant que le cœur vibre à coups de battements d'amour et d'espoir résilient.

Dans notre corps, de sa cime à ses racines, telle la sève, l'énergie créative circule et nous permet de nous tenir droit, tête au ciel, pieds dans le sol. Notre vie est cyclique; il serait donc absurde de croire que l'ombre ne puisse jamais faire place à la lumière. La vie tourne, sans relâche, tant que le moteur est en place, au cœur. De même, tous les humains sont créateurs, créateurs de vie, de leur vie.

De cette poésie rédigée à l'improviste, parlons *business*. Parce qu'être son propre patron, ça brasse des affaires!

C'est en 2015 que j'ai choisi d'Être complètement : la totale! Choisir de devenir son propre patron implique assiduité et discipline jour après jour. Ne pas lâcher, persévérer malgré ses peurs. Afficher sa couleur, se démarquer, se faire connaître, mais quand nous démarrons avec très peu en poche financièrement, ce n'est pas une évidence à réaliser. Il faut être créative devant une forme de chute sans filet.

Toutefois, je me suis rendu compte que lorsque nous possédons peu nous sommes riches de débrouillardise. Nous découvrons des ressources et chaque petite réussite se transforme en paie. Mon intuition me signale quand je fais fausse route et quand je dois saisir les occasions bonnes pour moi. Mon positivisme engendre un effet entraînant qui attire du bon et de belles personnes autour de moi.

J'ai créé le nom de mon entreprise, *Mille et un projets,* plusieurs années avant de l'utiliser réellement. J'ai remodelé sa vocation à quelques reprises, transformé la vision que j'en avais, une vision qui devenait claire au fur et à mesure que je m'activais. Possédant plusieurs cordes à mon arc, je ne savais plus toujours dans quelle direction je souhaitais réellement tirer.

Ce n'est pas simple. Gérer une entreprise demande un sens de l'organisation stratégique, mais l'envers de ce défi est empreint de liberté d'être soi. Il faut s'acharner et se battre en gardant ses valeurs en tête. Ne pas « faire » pour plaire aux autres ou pour le simple comble de la réussite si cela ne correspond pas à qui nous sommes.

Alors, l'argent et la gloire, ou la satisfaction d'être soi et de se réaliser pleinement? L'un n'empêche pas l'autre, certainement pas, mais dans mon cas, jamais au détriment d'être moi. Quand ça ne fonctionne pas, je recommence différemment. Je me demande alors si je suis sur mon « X » et si mes décisions restent en lien avec ma vision.

Mon entreprise se bâtit à son rythme de croisière, rien d'express, mais dans le respect de ce que je souhaite. J'attire les clients idéaux et développe les projets qui m'interpellent et m'allument en dedans.

Pour réussir, il faut savoir ce que nous voulons, pas toujours comment l'atteindre, mais du moins savoir où se diriger pour y parvenir. Depuis trois ans, j'en ai parcouru du chemin. Si, statistiquement parlant, j'avance à pas de tortue dans la jungle des affaires, je suis fière. Certes, j'enchaîne les essais-erreurs, mais chaque « erreur » a sa raison d'être et la suite se déroule mille fois mieux. Il faut se faire confiance et dénicher ses alliés.

Je conserve cette devise en tête...

Croire en soi, c'est se donner le droit de rebondir par-delà le nuage quand il porte ombrage à la lumière sur son chemin, et garder allumé son réverbère intérieur, sage mentor qui guide le pas intuitif, permet de décrocher son étoile au passage, l'instant d'une vie durant.

Signé Mélanie Sauvé, conseillère en orientation/projets spéciaux à l'étranger, animatrice d'ateliers de journal créatif chez *Mille et un projets,* étudiante en art-thérapie et femme résiliente.

Mélanie Sauvé

Qu'en est-il de votre résilience?

Imaginez que vous vous présentez à la ligne de départ d'un triathlon de calibre international et que, contrairement à ceux qui prévoient concourir à vos côtés, vous ne vous êtes pas du tout entraîné. Pensez-vous être en mesure de rafler une des trois premières positions?

Vous en conviendrez, c'est bien peu probable. Peut-être terminerez-vous la compétition. Peut-être qu'en compagnie de ces athlètes de haut niveau, vous pourrez observer et assimiler quelques bonnes pratiques. Il y a par contre fort à parier que le moment passé sur les pistes sera difficile et pénible.

En termes de résilience, c'est un peu la même chose. Pour reconnaître et appliquer ce qui fonctionne bien pour vous, vous devez d'abord et avant tout avoir saisi les occasions de vous y entraîner. Votre parcours de vie, votre expérience acquise en milieu professionnel et votre vision des événements représentent de multiples occasions pour reconnaître et aiguiser votre réflexe à la résilience.

Votre façon de faire face aux difficultés, aux imprévus, aux pertes importantes de votre vie déterminera l'aboutissement final : surmonter la pression ou perdre votre sang-froid. Les personnes résilientes ont tendance à maintenir une attitude plus positive. Même si certains semblent résilients naturellement, rassurez-vous, ces comportements peuvent également être acquis.

Plusieurs s'accordent pour dire qu'il existe un lien entre les termes *résilience* et *stress*. Construire de solides fondations du premier vous procurera des outils tout aussi efficaces pour vaincre le second, car sachez-le, le stress est l'ennemi numéro un de la résilience. Attention! Penser pouvoir éliminer complètement le stress de nos vies est illusoire, voire déconseillé. Rappelez-vous qu'un stress bien dosé est un tremplin déguisé, un élément essentiel d'une vie équilibrée.

Ce dernier chapitre est pour vous une occasion de prendre un moment afin d'évaluer votre relation avec la résilience.

Que vous traversiez une période difficile maintenant ou que vous souhaitiez être bien « entraîné » pour la prochaine situation complexe, voici quelques techniques sur lesquelles vous pouvez compter afin de favoriser l'émergence de votre propre résilience.

1 - Pourquoi vous levez-vous le matin?

Identifiez votre « pourquoi » dans la vie. Donnez un sens à vos actions quotidiennes. Chaque jour offre une nouvelle occasion pour débuter à nouveau. Rien ne vous oblige à poursuivre sur une ligne droite. La vie est remplie de zigzags opportuns qui enrichissent votre résilience et qui n'attendent que vous pour être exploités. Identifiez quels sont les événements, les gens, les sujets qui sont importants à vos yeux et spécifiez « pourquoi ». Prendre un moment pour évaluer vos objectifs et la direction que vous souhaitez emprunter dans la vie vous aidera à prioriser vos visées et à poser des gestes concrets au moment de rencontrer des difficultés. Chaque jour, accordez-vous un moment pour vous rappeler votre pourquoi.

2 - Vous êtes formidable! Répétez-le souvent!

Donnez-vous le crédit qui vous revient. Faites de votre mieux avec l'énergie dont vous disposez à ce moment précis. Rien ne sert de vouloir *surperformer* à tout prix. Rome ne s'est pas construite en un jour, et pourtant... Vous avez en vous toutes les ressources nécessaires pour être résilient. Remémorez-vous les occasions au cours desquelles, dans votre vie personnelle ou au travail, vous avez réussi à surmonter des obstacles, à vous dépasser ou à trouver la solution qui a fait toute la différence. Des obstacles, vous en avez déjà rencontré. Qu'avez-vous fait à ce moment? Qu'avez-vous appris? Quelle compétence avez-vous développée? Tirez parti de ces expériences et foncez!

3 - Ruminer, c'est pour les ruminants, pas pour vous !

Accueillez et reconnaissez les émotions qui vous habitent plutôt que de les combattre. Donnez-vous les moyens de réfléchir à la prochaine action souhaitable à poser à court terme afin de remplir votre bonbonne d'oxygène. Si vous reconnaissez être dans une situation difficile, il est inutile de vous nourrir d'excuses ou de plaintes. Concentrez-vous sur l'endroit où vous êtes, sur les options envisageables et les moyens mis à votre disposition. Comme l'indique le point précédent, utilisez vos forces et votre expérience. Le fait de ruminer indique à votre cerveau que vous êtes en situation de stress. Vous avez tout intérêt à investir votre énergie pour planifier un retour dans le monde du possible et de la réalisation. Il s'agit toujours d'une question de choix.

4 - Mode « apprentissage » activé.

Devenez un éternel apprenant et demeurez curieux comme un enfant. Amusez-vous à élargir votre zone de confort, découvrez ce qui est là et que vous ne voyez plus. Essayez des approches inédites, assimilez de nouvelles compétences, adaptez vos comportements, en particulier lorsque vous savez que les anciennes méthodes ne fonctionnent plus. Faites un effort pour apprendre chaque jour et remarquez ce qui se produit quand vous êtes ouvert à l'apprentissage contrairement à quand vous y résistez.

5 - Une vie équilibrée, vous connaissez?

Un esprit sain dans un corps sain, c'est s'accorder la permission de faire des erreurs, apprécier et exprimer notre unicité imparfaite. Prendre soin de votre santé physique contribue grandement à améliorer votre santé mentale et émotionnelle. Tout est une question d'équilibre. N'ayez pas peur de vous inscrire à votre agenda. Il peut devenir si facile de négliger nos besoins personnels en période de stress. Notre attention est portée sur les solutions, les mandats ou les obligations, mais qu'en est-il de notre énergie dans tout cela? En prenant soin de vos propres besoins, vous pouvez améliorer votre santé et votre résilience et être prêt à affronter les défis de la vie. Le pouvoir d'un moment à soi est infini. Planifiez-le!

6 - Accueillez le changement à bras ouverts.

Avoir confiance que nous pouvons réussir même si nous ne savons pas encore comment invite le cerveau à réfléchir différemment et nous donne accès à des idées inexplorées. La flexibilité est un constituant essentiel de la résilience. En apprenant à être plus adaptable, vous serez mieux équipé pour faire face à une crise de la vie. Les personnes résilientes utilisent souvent ces événements comme une opportunité de se lancer dans de nouvelles directions. Allez, ouvrez les bras!

7 - Cultivez un bon réseau d'amis, et pas seulement sur les réseaux sociaux!

Savoir bien s'entourer et accepter d'être vulnérable aux yeux des personnes qui nous aiment sont des gestes d'amour envers soi et les autres. Avoir des proches à qui vous pouvez vous confier est important. Ces personnes qui vous entourent agissent comme un facteur de protection en temps de crise. Il est vrai que le simple fait de parler d'une situation avec une personne de confiance ne dissipe pas vos problèmes. Toutefois, cela vous permet de partager vos sentiments, d'obtenir de l'aide, de recevoir des commentaires positifs et de trouver des solutions. Voilà déjà un excellent départ!

8 - Voir le côté positif des choses.

Dans la tourmente, captez avec vos cinq sens quelque chose qui vous inspire la beauté. Cela peut être une couleur, une forme, une personne, un animal, un son, une odeur, une texture. Inspirez-vous de ce qui est beau pour vous et de ce qui se trouve tout près de vous. Rester optimiste lors d'une période sombre peut s'avérer difficile, mais maintenir une perspective optimiste est un ingrédient important de la résilience. La pensée positive n'implique pas d'ignorer le problème pour se concentrer sur des résultats positifs; cela signifie comprendre que les revers sont temporaires et que vous possédez les compétences et les capacités nécessaires pour lutter contre les défis auxquels vous êtes confronté.

9 - Doucement, mais sûrement.

La nature s'accorde des périodes de jachère afin de refleurir et de créer à nouveau. Elle est un sage professeur à imiter. Être actif aide à mettre l'accent sur les solutions. Parfois, ne rien faire et observer reste la meilleure tactique. Cela vous aidera à vous sentir plus en contrôle. Concentrez-vous sur les progrès que vous avez réalisés jusqu'à présent et planifiez vos prochaines étapes. Peut-être que la quantité de travail à accomplir atténuera votre énergie par moments. Dans ces instants de découragement, concentrez-vous sur la théorie des petits pas. Les actions n'ont pas besoin de toujours être grandioses. Le simple fait d'avancer est parfois suffisant.

10 – De la pratique, encore de la pratique, toujours de la pratique.

Le jour succède à la nuit et par ce cycle infini, tout s'accomplit sans nuire au rôle de l'un ni de l'autre. La flamme d'une chandelle ne peut être appréciée à sa juste valeur que lorsqu'elle brille dans le noir. Faire éclore ses talents nécessite du temps, mais surtout de la passion. Développer la résilience implique les mêmes conditions. Nous avons tous en nous ce qu'il faut pour voir les choses positivement. Aucune aptitude spécifique n'est nécessaire pour apprendre, grandir et rebondir. Bien que la résilience puisse être différente d'une personne à l'autre, observer ce qui fonctionne chez les autres peut devenir suffisamment inspirant pour vous permettre de développer votre méthode distinctive de vous tourner vers le soleil.

Bien que tous ces éléments puissent paraître simples, n'en soyez pas si sûr. Les appliquer au quotidien demande discipline, volonté , persévérance et surtout, de reconnaître leur importance.

Pour chacun de ces aspects, posez-vous des questions :

- Est-ce pour moi une façon naturelle de voir les choses? Si oui, combien de fois ai-je appliqué cette technique au cours du dernier mois?
- De quelle façon puis-je acquérir, appliquer et répéter cette nouvelle habitude?
- Que puis-je faire de différent que je n'aie pas encore osé faire?
- Si je n'avais pas peur, qu'est-ce que je ferais sans gêne?
- Laquelle des histoires m'a le plus touché, inspiré, et pourquoi?
- Que puis-je mettre en action dès maintenant?

Si votre première réaction aux événements de tous les jours est de faire un pas en arrière, d'être réticent quant aux changements ou de voir l'obstacle et non l'occasion, fixez-vous l'objectif suivant : choisir un des éléments de la liste pour une semaine donnée et l'appliquer le plus souvent possible. Développez-le, investissez-vous pleinement et, à la fin de la période que vous aurez déterminée, évaluez votre satisfaction. Il est parfois salutaire de reculer pour se donner un élan. De même, méditer tout doucement là où nous nous trouvons favorise l'élargissement de notre perspective et active les neurones de notre cerveau qui étaient endormis ou engourdis.

Vous seul avez le contrôle de votre attitude, de votre bonheur et de la façon dont vous traverserez votre sentier de vie. Vous en détenez les rênes; assurez-vous de les conserver.[19]

Que cette balade soit des plus fantastiques!

[19] American Psychological Association (APA). The Road to Resilience.
Anderson L. Alcohol Abuse. In: Deviance: Social Constructions and Blurred Boundaries. Oakland, CA: University of California Press; 2017: 267.
* Nous aimerions souligner la participation de Nadine Beaupré, coach d'affaires, à la rédaction de ce chapitre.

Remerciements

La mise en œuvre d'un projet d'une telle envergure ne se réalise pas seul. Dans le cadre de ce collectif littéraire, nous, les filles d'*Un chapitre à la fois*, aimerions remercier tous les auteurs qui ont livré leur récit avec transparence et confiance. Ce fut un plaisir de tous les instants de créer ce livre avec eux. Partager son histoire demande une certaine dose de courage et ils ont tous, à leur façon, excellé du début à la fin.

Merci à vous, du fond du cœur!

Une personne importante s'ajoute à la liste des remerciements, Charles DuBois, notre correcteur et réviseur. Il aime ce métier et cela émane de sa personnalité. Il sait jouer avec les mots, les bons mots, pour nous faire comprendre les difficultés de la langue française. C'est avec respect et assiduité qu'il a révisé tous ces textes comme s'il s'agissait des siens.

Merci Charles, pour ton professionnalisme et le plaisir de travailler avec toi.

Dans la vie d'un entrepreneur, savoir s'entourer de gens de confiance est une grande richesse et nous pouvons affirmer en toute sincérité que nous sommes privilégiées en ce sens.

RECYCLÉ
Papier fait à partir
de matériaux recyclés
FSC® C103567